中央文明办中国文明网　编

好人365故事 青少版 第一季

助人为乐

河北出版传媒集团
河北少年儿童出版社

图书在版编目（CIP）数据

助人为乐 / 中央文明办中国文明网编. -- 石家庄 : 河北少年儿童出版社, 2016.2
（好人365故事 : 青少版）
ISBN 978-7-5376-8392-0

Ⅰ. ①助… Ⅱ. ①中… Ⅲ. ①精神文明建设－人物－先进事迹－中国 Ⅳ. ①D648

中国版本图书馆CIP数据核字(2016)第030280号

好人 365 故事 · 青少版
助人为乐
ZHUREN-WEILE
中央文明办中国文明网 编

选题策划 温廷华 董素山
责任编辑 董素山 郭荣敏 高 瞻
美术编辑 吴立刚
装帧设计 韩庆熙

出 版 河北出版传媒集团 河北少年儿童出版社
（石家庄市中华南大街172号 邮政编码 050051）
发 行 全国新华书店
印 刷 保定华升印刷有限公司
开 本 787 × 1092 1/16
印 张 13.5
版 次 2016年3月第1版
印 次 2016年3月第1次印刷
书 号 ISBN 978-7-5376-8392-0
定 价 35.00元

编辑委员会

刘宝莅　山东省委宣传部副部长、省文明办主任

王　耀　河南省委宣传部常务副部长、省文明办主任

胡和平　湖北省文明办主任

刘进能　湖南省委宣传部副部长、省文明办主任

顾作义　广东省委宣传部副部长、省文明办主任

杨征文　广西壮族自治区文明办主任

张学泮　海南省文明办主任

樊　伟　重庆市委宣传部副部长、市文明办主任

赵明仁　四川省委宣传部副部长

朱文东　贵州省文明办专职副主任

鲁永明　云南省委宣传部副部长、省文明办主任

陈　友　西藏自治区党委宣传部副部长、文明办主任

龚晓燕　陕西省委宣传部副部长、省文明办主任

高志凌　甘肃省委宣传部副部长、省文明办主任

祝　贺　青海省文明办专职副主任

毛　录　宁夏回族自治区党委宣传部副部长、文明办主任

杨胜江　新疆维吾尔自治区文明办主任

杨武军　新疆生产建设兵团党委宣传部副部长、文明办主任

董　青　中央文明办中国文明网总编辑

乐于助人的人最快乐

卢　勤

世界上什么人最快乐？

乐于助人的人。“快乐是一种感觉，而不是‘应当’，只有真快乐，才能助人为乐。”余心言先生讲了一条真理：“助人的快乐来自乐于助人。”“好人365故事”（青少版）系列《助人为乐》卷讲的人物个个都是乐于助人的典范，他们在为他人、为社会服务中真正品尝到了快乐。

助人有三种神奇的力量。

第一种力量：助人能创造快乐。

马斯洛提出的人生五大基本需求，第五点便是“个人价值的体现”。人的价值，只有在奉献中才能得到体现。当你帮助了别人，内心会产生一种成就感：由于我的存在，让对方快乐了。这时，便会有一股愉悦的清泉流淌下来，让你感受到快乐。

浙江有一群少先队员，坚持数年去敬老院义务为老人表演节目。一天，一个男孩儿吹完萨克斯，一位老人拉着他的手不放，让他再演奏一曲。这个男孩儿在全国少代会上与伙伴们分享时说：“被需要的感觉真好！”正因为他真正感受到了助人的快乐，所以从一年级至六年级他每个假日都去看望这些老人，从未间断。

第二种力量：助人能传播快乐。

助人为乐是一种文明的社会风尚。当你帮助了别人，就会使人与人之间的关系变得温暖，变得和谐。比如，你在公交车上主动给老人让了座位，车厢里都会洋溢着一种温馨。

在“手拉手”活动中，上海百万少先队员开展了“一本书寄友情”活动，短短几个月，为贫困地区的小伙伴寄去了108万本书。大山里的孩子拿到这些精美的书，激动不已，他们跑到高高的山上，手举着书，向着上海的方向高喊：“感谢上海的小朋友！”上海的孩子听说了，感动得热泪盈眶。一本本图书，载着友情，来到遥远的大山里，点燃起被大山隔断视线的孩子心中美丽的梦；一句句感谢，夹在书信里，传到城市孩子手中，激发起被高楼隔断视线的城市孩子助人的热情。快乐就随着助人的行动被传播了。

第三种力量：助人能分担痛苦。

助人对治疗伤痛有奇效。当你被一些琐事折磨得痛苦不堪时，向比你更痛苦的人伸出援助之手，自己的痛苦会大大减少。

曾经，亚里士多德的一个学生问他：“人生在世什么最痛苦？”亚里士多德想了想，说：“人生最痛苦的就是不能将你最快乐的事告诉任何人。”

分享是快乐的。快乐与人分享，会变成两份快乐；痛苦有人分担，会变成半个痛苦。

生活需要分享。你要学会将自己的快乐告诉对方，让对方也得到一份快乐；也要学会分担对方的痛苦，让对方的痛苦减少一半。这样的人才称得上是助人为乐的人，人人都欢迎这样的人。

助人需要一点一滴积累的精神，“不以善小而不为”。有一点儿，做一点儿，点点积累起来就是全世界；做一点儿，有一点儿，世界就需要这一点点。

雷锋用他点点助人的行为，铸造了他伟大的一生。他虽然只活了22年，世人却永远记住了他。他所做的并不是什么惊天动地的大事，只是一件件助人为乐的小事，正是这一点点的小事，使他成为一个好人，一个快乐的人。余心言说："学习和奉献，使雷锋的一生成为快乐的一生，幸福的一生。"

我们相信，助人为乐的好人多了，世界也会变得更加美好。

（作者为中国少年儿童新闻出版总社首席教育专家）

目录

MULU

九旬老人三轮车蹬出支教路…………1

从草原走来的“慈善家”…………8

“民警爷爷”退休不退岗…………14

“超级红娘”兰毓云…………20

一对儿戒指换来教学楼…………27

小家电修出大爱心…………34

“彩虹妈妈”的“小荷公益”…………40

慈善路上的“潜行”者…………47

“爱心的姐”王淑贤…………56

情系军营的“兵妈妈”…………63

母爱无私　民族有情…………69

“切糕王子”阿迪力…………75

“华佗爷爷”刘永生…………81

矿山深处的“活雷锋”…………88

“五彩鹿”的“星妈”…………95

古镇文化“轻骑兵” …………………… 103
公益路上的“老”志愿者………………… 110
扫雪扫出“妈” ………………………… 115
一壶姜汤“熬”七年…………………… 122
金牌主播传播“爱之声” ……………… 129
圆梦育人的“上海爷爷” ……………… 135
百岁老人助寒门………………………… 144
锤钉兄弟………………………………… 150
好企业家“任性”助学十八载………… 157
“拾荒主席”张景兰 …………………… 163
女警官的十五本大事记………………… 170
同桌的你………………………………… 177
七旬“愚公”郭长顺…………………… 183
“作家书屋”书香浓 …………………… 188
津门小明星热衷大公益………………… 195
后记………………………………………… 202

九旬老人三轮车蹬出支教路

老当益壮，宁移白首之心。

——王　勃

他祖辈贫寒，13岁逃难时来到天津当上了三轮车夫。当70多岁的他回到河北老家，发现村里的一些孩子因贫困失学，便毅然捐出了5000元的积蓄，并决定重操旧业，蹬三轮车赚钱来帮助贫困的孩子实现上学的梦想。他这一辈子从来没有想过自己，把所有的心血都奉献给了社会。他去世后，孩子们喊着“爷爷走好”送他最后一程……

2005年9月23日早晨，92岁的他静静地走了。无数活着的人在口口相传中记住了他——蹬三轮车的老人白方礼。这不是神话——这位老人在73岁以后的生命中，靠着一脚一脚地蹬三轮车，挣下35万元，捐给了天津的多所大学、中学和小学，资助了300多名贫困学生。而每一个走近他的人都惊异地发现，他的个人生活几近乞丐，他的私有财产账单上是一个零。

1986年，73岁的白方礼从天津回到家乡河北省沧县白贾村，这是一个让他悲伤而又牵挂的地方。小时候，他很渴望读书，可因家境贫寒，13岁便逃难到天津，做了一名卖苦力的三轮车车夫。新中国成立后，他靠蹬三轮车拉扯大了自己的三个孩子。眼下，人老了，又有政府每月发的退休金，他计划回家乡安度晚年。他走在村里，发现大白天到处可以看到正在干活儿的孩子。他问孩子们为什么不上学，孩子们说大人不让他们上。他便又找到大人问为什么不让孩子上学，大人说种田人哪有那么多钱供娃上学！这一晚，白方礼一夜没合眼。

第二天天一亮，老人便召集家庭会议，宣布了两件事："第一，我要把这些年蹬三轮车攒下的5000块钱全部交给老家办教育；第二，我要回天津重操旧业，挣下钱来让更多的穷孩子上学！"就这样，73岁的白方礼又回到天津，重新蹬起了他蹬了大半辈子的三轮车。

每一个见过白方礼的人都会心酸。他一年四季从头到脚穿的是不配套的衣衫鞋帽，那都是他从街头路边或垃圾堆里捡来的。"我从来没买过衣服，我身上这些衬衣、外裤，都是平时捡的。还有鞋，两只不一样的呀；还有袜子，今儿捡一只，明儿再捡一只，多了就可以配套。”除了不买衣帽鞋袜外，连吃的东西他都尽可能地节省。他的饮食极其简单，经常是两个冷馒头加一瓶凉水，有的时候会就一点点咸菜。有人还常看到他在拾别人扔下的馒头、面包或半截儿没有吃完的香肠……家里人实在看不过去了，都劝他回老家安享晚年，老人却说：“这有什么苦？这馍是农民兄弟用一滴滴汗水换来的，人家扔了，我把它拾起来吃了，不是少浪费些吗？”很多时候，白方礼为了方便拉活儿，走到哪儿就睡在哪儿，一张报纸往地上一铺，一块方砖往后脑一放，一顶帽子往脸上一掩，便是他睡觉前的全部准备“程序”。

1994年，在一次给贫困生捐款的仪式上，学校领导说要代表全校300余名贫困生向白方礼致敬。已81岁高龄的白方礼老人一听这话便思忖起来：现今家里缺钱上学的孩子这么多！光一个学校就300个贫困生啊，靠我一个人蹬三轮车挣的钱救不了几个娃！何况自己也老了，这可咋办？老人的心一下子沉重了起来。经过几天的慎重考虑，白方礼找到了儿女们，说：“我准备把你妈和我留下的那两间老屋给卖了，再贷点儿钱办个公司。名字都想好了，就叫‘白方礼支教公司’。支——教，支持的支，教育的教，支持教育的公司。”老人一个字一个字地给儿孙们念清楚。“你们看咋样，啊？说呀，是支持还是反对？”老人心急地问了这个又问那个。孩子们你看我，我看你，异口同声地说：“爸，您老看咋合适就咋办。我们就是担心您这么大年岁还……”白方礼朝儿女们挥挥手，说：“啥事没有，你们开口支持我办支教公司比给我买罐头、麦乳精强百倍。走喽!”老人跨上三轮车，一按车铃，伴着清脆的“丁零零”声，消失在街道之中……

功夫不负有心人。没过多久，白方礼老人的善举得到了天津市领导的大力支持。市长特意在临近火车站的地方为白方礼老人划出了一块地给他开办支教公司。81岁的白方礼老人喜气洋洋地当上了支教公司的“董事长”。公司主要在火车站经营糕点、烟酒之类，方便南来北往的旅客。起初，公司只是火车站边的一个8平方米的铁皮小售货亭，售货亭上面悬挂着一面南开大学献给老人的铜匾，写着“无私资助，志在其才”。后来，公司由开始的一个小亭子发展成十几个摊位。最多一个月除去成本、工钱和税，还余1万多元的利润。不知道的人以为白方礼老人当了董事长，可以坐享清福了。可哪里知道，白方礼老人把摊位交给别人打理，自己照常蹬三轮车送客。而且他给自己定了个规矩，每月蹬车收入得达到1000元，也就是说每天要赚到30到40元才回家。“我24小时待客，一天总还能挣个二三十块。别小看这二三十块钱，可是十来个苦孩子一天的饭钱呢！”这就是一个耄耋老人的全部内心世界。白方礼老人每月都会把自己省下来的钱拿到附近的学校给困难的学生当生活费，而自己却过得让人心酸。为了能多挣一点儿钱，老人已经好多年不在家里住了，他以售货亭为家，所谓的“床”是两摞砖上面搁一块木板和一件旧大衣。冬天，寒风刺骨，白方礼老人的铺盖就是一套薄被褥；夏天，骄阳似火，一层薄铁皮的售货亭被晒得滚烫。

天有不测风云。几年后，由于城市建设发展，天津火车站要进行大规模的拆迁改造。就在大家猜测着白方礼老人会不会利用支教公司是由市长特批的这个挡箭牌逃避拆迁时，白方礼却没有任何怨言地关闭了支教公司。辛辛苦苦成立的支教公司转眼间变成了一堆废铁，他心里痛苦万分。他的朋友老杨说：“老白是个朴实而高尚的人，他支教毫无功利之心。有一天，我在东站附近听到身后有人喊我，一回头，看到一位苍老枯瘦的老人，我辨认了半天，才认出是老白，整个人都瘦得脱了形。他说：‘支教公司停了，我舍不得走，几天没吃饭了，也没法儿定期资助学生了，我不想活了。’”支教公司关门了，可他舍不得，无论冬夏，他都蜗居在支教公司原来的铁皮屋里，一分一角地攒着支教款，攒到几百元，他就用皮筋

儿扎起来，送到学校去。2000年，老人已87岁，身体衰弱得厉害，他每天端着一个铁皮饭盒，在火车站附近给人看自行车。饭盒里的硬币，在他眼前一天比一天模糊，数不清楚了。直到最后，他只能求助路过的小学生。一枚枚硬币点清了，成了老人的又一笔捐款，500元，捐献给了当地的养老院……

2005年9月23日早晨，92岁的白方礼老人静静地走了。出殡当天，市民们都自发到天津第三医院送白方礼老人一程，衣着整齐的工作人员抬着老人的灵柩穿过人群让开的小路，将老人的灵柩送上灵车。在自发的送行队伍中，手举老人遗像的学生和市民眼含热泪，喊着："爷爷，一路走好！"人们跟随着灵车走出很远，一位满头白发的大娘指着悬挂在车头的老人的照片哭着说："瞧，又在数钱了，攒够了还要给学生们送去。"

好人365 编辑感言

在我们周围，不是所有的感动都轰轰烈烈、惊天动地，总有一种平凡，叫我们泪流满面。我们的时代需要英雄，何谓英雄？英雄就是那些像白方礼老人那样，经常做一些利人不利己的"傻"事的人。评判他们是否真"傻"的标准，不是你，不是我，是岁月。风霜竞上壮士鬓，星月轮回又几度。若干年后，或许你我早已被浮尘世事黯淡，但英雄，却如日月皓明，光芒永存。（胡　杨）

好人365 网友点赞

一羽微澜：白方礼老人的慈爱之心如日月当空，照亮、温暖着我们每一个人。

福建网友：一心为了别人，甘愿含辛茹苦，自己却一无所求，令人敬佩！

陈超宇：做一个纯粹平凡的人，感动！

写邮件　草稿箱　已发送

收件人　haoren365@wenming.cn

主　题　心语　　发　送

正　文

中国文明网
www.wenming.cn

从草原走来的『慈善家』

我是广大劳苦大众当中的一员，我能帮助人民克服一点儿困难，是最幸福的。

——雷　锋

只读到小学三年级就失学的汉子呼登林懂得天道酬勤，所以他能成为成功的企业家。但他更有一颗助人为乐、扶贫济困的爱心，所以他更是一个“慈善家”。

有一位农民企业家，他出身贫寒，但他聚财有方，散财有道，用“达则兼济天下”的财富观传递着人间的温暖与真情。他，就是鄂尔多斯市好运呈石建有限责任公司总经理呼登林。他依靠党的富民政策和自己的勤劳双手致富，过上了富足的生活。但富裕起来的他却高兴不起来，看到身边还有许多贫困户，他陷入了深思：“自己富了不算富，群众都富了，乡亲们都过上了好生活才是真的富！”就这样，30多年来，他一直帮贫济困、乐于助人，奉献着自己对社会的爱心。

土生土长在农村的呼登林深知农民的艰辛，对农民有着特殊的感情。无论谁家有困难，他都愿意搭把手，给予帮助。

起初，呼登林家的生活十分艰辛，几亩旱田和草场根本养活不起全家。为了能让家人生活得更好些，他买了一辆拖拉机，开始跑运输挣钱。

那时候正值乡政府举办农畜产品物资交流会，乡亲们听说有交流会，都高兴得想要去看看。可村子距离乡政府有10公里左右，步行两个小时的路程让很多人打起了退堂鼓。就在大家又喜又忧的时候，好心的呼登林为大家解决了难题，他决定用自己的拖拉机拉着乡亲们去赶交流会。老人和孩子，他亲自扶着上车。晚上回来后，他再把乡亲们挨家逐户送到家。就这样，每年呼登林都拉着乡亲们参加交流会，“免费司机”一直当了10多年，但凡坐过他车的村民，无不对其竖起大拇指，交口称赞。

谁家办喜事、谁家收庄稼、谁要去镇里看病、谁家拉点儿货，热心肠的呼登林总是勤快地跑前跑后。10多年来，他义务为当地村民娶亲送亲200多次。他的车成了大家伙儿的“公共车”，他是大家的“免费司机”。

俗话说：“邻里好，赛金宝。”对于同村居住的李怀亮来说，呼登林是他们全家都感激的大恩人。

2000年，李怀亮的妻子患上了神经闭合症，瘫痪在床失去了自理能力，大量的医疗医药开支使原本穷困的家庭雪上加霜。作为李怀亮的邻居，呼登林把这一切看在了眼里，暗暗下决心：一定要帮李怀亮一把。

2004年，呼登林经过多方努力，在自己的厂房前为李怀亮家盖了两间70多平方米的房子。除了资助李怀亮一家人的吃、穿、住、看病等经常性开销以外，他还在自己的工厂里给李怀亮安排了一份工作，这使李怀亮一家人的生活有了保障。年复一年，李怀亮的儿子渐渐长大成人，但是工作不好找，呼登林急得团团转，心想着要是连工作也找不到，还怎么成家？谁家的姑娘能嫁给这个穷小子？于是呼登林托亲戚、找朋友，帮他联系到工作。不久小伙子谈了女朋友，在他们结婚办喜事的时候，呼登林又伸出援助之手，给他们办了一场令人难忘的婚礼。

十几年如一日，呼登林对李怀亮一家的帮助从来没有停止过。时至今日，虽然李怀亮一家已经过上了好日子，但是逢年过节呼登林还是想着他们，把他们叫到家里一起团圆。呼登林常说，看到别人在自

己的帮助下快乐幸福地生活，自己心里也开心、踏实。

做一件好事并不难，难的是一辈子做好事，而呼登林就是一个一辈子坚持做好事的人。他从2004年开始资助贫困学生，此后每年都要资助两名贫困生。

在他资助的众多学生当中，有一个叫哈斯其米德的残疾女学生，因为做脑膜炎穿刺手术时留下后遗症，导致半身瘫痪。家庭贫困加上身体残疾使哈斯其米德的大学梦离她远去，但她没有放弃学习，学业也没有落下。在一次残联组织的资助残疾人活动中，呼登林与哈斯其米德结识，他当场表示要资助这个可怜的孩子。从那时起，呼登林不仅包揽了哈斯其米德的所有学费、生活费，还将她接到家里，像对待自己亲生女儿一样照顾着，同时请来按摩师为哈斯其米德做腿部按摩。呼登林的妻子也是个善良人，精心照顾哈斯其米德，从日常起居到清理大小便，从不嫌脏嫌累。他们的一对儿女在父母亲的感染下，也全力帮助哈斯其米德。

2006年，哈斯其米德考上了理想的大学，可是学费还差3000多元，当时，呼登林的公司正处在最困难的时候，但他还是想方设法为哈斯其米德凑够学费，圆了她的大学梦。不仅如此，呼登林还承担了哈斯其米德大学期间的其他所有费用。每逢假期，呼登林就把她接到自己家里，找大夫给她治疗。他先后两次联系知名医院带哈斯其米德前往治疗，20多万元的医疗费都由呼登林来承担。经过多年的努力和付出，哈斯其米德终于能拄单拐行走了。

哈斯其米德毕业后，呼登林又资助她在乌审旗开了一家奶食品店。2014年春天，哈斯其米德想把奶食品店搬到鄂前旗，方便照顾年迈的父母。呼登林又帮她在鄂前旗选新店面，并安排了车辆，帮助她搬运货物。如今，哈斯其米德的小生意红红火火，收入也十分可观。每逢有亲戚朋友夸赞哈斯其米德精明能干的时候，她总是说："都是呼叔叔帮的我，没有呼叔叔，就没有我的现在。"一句质朴的话语，却饱含哈斯其米德对呼登林的感激。每逢过年，哈斯其米德全家都会到呼登林家里拜年，用这种简单朴素的方式表达着他们对呼登林的感恩之情。

好人365 编辑感言

一个普通的个体老板，在自己发家致富的同时，时刻不忘帮助他人，30多年如一日热心帮助身边人，用真情厚意和无私奉献诠释了什么是人间大爱。他出身于农民，骨子里渗透着与生俱来的朴实、真诚；他办过企业，具有企业家的远见和进取精神。他对弱势群众不仅授之以鱼，更是授之以渔，他用自己的实际行动为弱势群众扬起了希望的风帆，诠释了一个普通共产党员的大公无私。（王　楠）

好人365 网友点赞

河北网友：靠自己的勤劳致富，不忘回馈社会，向这位良心企业家致敬！

星星：富裕不忘帮助弱势群体，聚财有方、散财有道，这才是最好的“炫富”。

『民警爷爷』退休不退岗

全心全意为人民服务，一刻也不脱离群众，一切从人民的利益出发。

——毛泽东

年近八旬的老人，退而不休，至今还在工作岗位上默默奉献。连续25年护送小学生上学，连续40年为孤残老人义务洗头、理发……他就是在公安战线干了一辈子的“民警爷爷”——尹先明。

一位年近八旬的老人，几十年如一日，“愿将春雨化甘霖，乐送玫瑰闻余香”。他的爱心善举，感人肺腑，被誉为新时代的“雷锋”、彭泽好人、传递正能量的代言人……

人们之所以称颂他，并不是他做了什么惊天动地的壮举，也不是他干了什么标新立异的大事，他只是用平凡人的不平凡事，传承和弘扬了助人为乐、敬老爱幼的中华民族美德，用人民公仆那甘于奉献的精神演绎了精彩的人生。

这位老人，至今还在默默地奉献，截止到2015年，他已连续25年护送小学生上学，连续40年坚持为孤残老人义务洗头、理发、打扫卫生。多年来，他一对一帮扶了20多名孤儿。他就是江西省彭泽县公安局退休民警尹先明。

尹先明对公安事业无限热爱。工作中遇到难事、重事、脏事，他从不推诿，总是迎难而上，想尽办法把事情做好，在彭泽县公安局，同事们都尊称他为“尹劳模”。

1985年5月，安徽省交通厅来人到彭泽县公安局查阅一份案卷，尹先明只用一分钟就把来者需要的卷宗找了出来。交通厅的工作人员激动地说：“为查阅这份案卷，我们花了40多天时间，跑了两省13县，没想到你们这么快就查到了这份案卷，你们的档案帮了我们的大忙啊！”

早在1982年，尹先明调到档案室，负责全面清档工作。寒冬腊月，档案室内不准生火，他手脚冻得发僵；盛夏酷暑，室内又热得像蒸笼，人一进去就大汗淋漓。由于灰尘太多，他只好戴着草帽、口罩工作。尹先明为档案工作呕心沥血，由于过度劳累导致痔疮复发和腰肌劳损，直不起腰，双眼红肿，但他没有怨言，没有退缩，仍然默默无闻地做着一页页的清档工作。尹先明按照档案管理的要求将文件分门别类、精心划分、细致整理，经过一年多加班加点的工作，做到了收集齐全、清理有序、系统清晰、集中统一、检索分明、制度健全、利用方便，实现了档案的规范化和标准化，一举跨入全省先进行列，成为江西省公安战线档案工作的一面旗帜……

清晨，在彭泽县城关完小公交站，一位慈祥的老人伸出一双温暖的大手，接护着走下公交车的孩子，孩子在老人的怀中欢笑着向他问好："尹爷爷好！"这位慈祥的老人就是尹先明。每天清晨，无论刮风下雨他都站在这个公交站点迎护这些上学的孩子们。他把这些孩子们当作自己的孙子孙女呵护着，孩子们也都把他当成自己的爷爷亲近着。在彭泽县城，无论尹先明出现在哪里，孩子们见了他都会热情地向他问候。

40年来，尹先明先后担任县城6所中

小学校外辅导员、法制副校长。他给学生上法制教育课6000余次，听课学生达12万人次。走访学生家长790多人次，组织学生参与学雷锋活动13万人次，教育、挽救有劣迹的青少年230余名。他还与青少年开展书信谈心活动，发贺卡5200多张，收到来信3700多封。经尹先明帮教，在册的失足青少年90%以上都已经走上了正道，其中有37人光荣参军，有17人加入中国共产党，有的还提了干。

几十年前的一段往事，让人们记忆犹新。那是1976年11月的一天，在龙城镇派出所任片儿警的尹先明接到城关完小报案，学校发生盗窃案，人已抓到。他立即赶到学校，只见六个十来岁的小学生站在办公室的角落里。望着这几个稚气未脱的孩子，尹先明心想：不能因为他们偶尔做错了一件事，就处罚他们，使他们幼小的心灵蒙上阴影。他和蔼地同这几个学生分别谈心：“只要承认错误，保证今后不再干坏事，派出所不抓，学校不开除，父母不打骂。”孩子们见尹先明态度诚恳，就打消了顾虑，承认了错误，表示坚决改正。可是为了这“三不”，尹先明却忙开了：为了使学生回班不受歧视，他和班主任做同学们的思想工作；为使学生回到家里不挨打受骂，他又逐个做家长的工作。

尹先明对那些缺失爱的孩子特别关心。有一个姓张的孤儿，从小染上了偷摸毛病，尹先明对他从小学三年级到初中一直进行跟踪教育。一次，他因公出差一个多月，小张旧“病”复发，到处行窃，当时许多人都主张把小张送到劳教所。尹先明回来后，向领导做出保证，请求再给他一次帮教机会。从此，尹先明对小张的帮助更加细致，生活更加关心，还经常接他到家里住。小张被尹先明的真情感动了，开始发奋读书。高中毕业后，尹先明带他去龙城镇报名参军，在家长姓名一栏，小张含着热泪填上了“尹先明”。当时镇党委书记激动地说：“老尹啊，你是这孩子的大恩人，没有你，就没有孩子的今天，我代表镇党委感谢你啊！”小张到了部队给尹先明写了一封动情的信：“敬爱的尹伯伯，我在部队紧张训练之余，常想起以前的事，我从小失去了父母，要不是您给了我父亲般的疼爱，把我从‘泥坑里’拉上来，我就没有今天的部队生活。”小张在西沙服役，不怕艰苦，力求进步。4年后，小张作为一名共产党员退伍返乡，尹先明又帮他介绍了对象。如今，小张已拥有了一个幸福的三口之家。像小张这样视尹先明为亲人的孤儿有20多人。

尹先明是一位老政协委员，在他的心中总装着孩子。2002年《光华日报》登了一篇题为《提案提出了平安道》的消息，文中的平安道虽然只有1000米，但原县一中、南岭中学、城关完小和中心幼儿园四所学校都汇聚于此。每到放学时，校门口都拥堵不堪，学生安全受到严重威胁。

尹先明提议对这条路段实行交通管制，很快得到了县政府的支持。10多年来，这一路段从未发生过交通事故。

从1976年起，尹先明每月都会来到城郊两个福利院为30多位孤残老人义务洗头、理发；每年大年三十，他都会来到县福利院给老人们拜年，还带上自家做的热腾腾的饺子，和老人们一道吃年夜饭。

40年来，尹先明在做好本职工作之余，把帮助青少年、孤寡老人当成了自己的分内事，把学校、福利院作为自己发挥余热的新阵地。

工作几十年来，对尹先明来说，帮助他人，如同吃饭穿衣一样自然而然，已经成为他生命中不可分割的一部分。

好人365 编辑感言

“老骥伏枥，志在千里。”退休不退岗、退岗不推责。对于年近八旬的老人尹先明来说，这些看起来平凡的小事却呈现出大爱。老人坚持做好事几十年，已经把乐于助人、敬业奉献的高尚品德牢牢深植于骨髓、时时见诸行动。这不仅是人情冷暖温度的升华，更是引领社会“真善美”的正能量。（刘鲲鹏）

好人365 网友点赞

宁夏网友：小小的爱心行为积攒起来就是大公益，每个人都应该尽一份自己的爱心！人民警察尹先明就是我们的榜样！

L-灰：美德的践行者，文明的传播人。

『超级红娘』兰毓云

投我以木瓜，报之以琼琚。匪报也，永以为好也。

——《诗经》

她悉心记录每一位相亲者的择偶条件，耐心帮助适婚男女在茫茫人海中寻找人生伴侣，坚持义务做红娘60年，成功撮合1316对男女步入婚姻殿堂。

在武汉音乐学院旁边的文明路上，有一间不起眼儿的居民住宅很受当地市民欢迎，每天清晨不到8点，这里就排满了等待开门的人。这是一家不收费的婚姻介绍工作室，排队的人都是来为自己或亲朋好友相亲的市民。这个挂着“陈兰工作室”牌子的小屋主人，就是享誉武汉的78岁退休女教师兰毓云与其83岁的丈夫陈轶伦。

兰毓云曾作为一名文艺兵远赴抗美援朝的战场。1956年，20岁的兰毓云载誉归来后分到武汉一所中学担任工会主席、团委书记。25岁的陈轶伦恰好是中学的党支部干事。风华正茂的两个年轻人在一次联谊活动中擦出了爱的火花。

结婚后，兰毓云与丈夫陈轶伦一起，义务为人牵红线、搭鹊桥，帮助大龄男女在茫茫人海中找寻伴侣，现已撮合成了1316对夫妻。兰毓云老人义务为单身男女牵线搭桥的同时，也以自己对婚姻爱情的理解和经历告诉青年男女：爱可以创造一切，但是一切都不能够改变爱。

2014年10月25日上午，家住秦园路的郭女士在母亲的陪同下，首次造访“陈兰工作室”。这是一套50平方米左右的老旧平房，屋子里挤满了人。负责接待郭女士的是陈轶伦——兰毓云的老伴儿兼助手。他拿出一张表格让郭女士填写，含年龄、单位、收入、房产、家庭成员、个人爱好、择偶要求等信息，甚至还查看了她的户口本。“我们要对年龄、婚史、家庭成员这些核心信息把关，户口本上这些都能看出来。”陈轶伦说。

通过审核后，郭女士拿到了属于自己的号牌，按顺序进入里面的小屋子。在那里，郭女士将和兰毓云对话，接受她的安排。兰毓云坐在里屋，身后的墙上密密地挂满了资料册，封面分别写着小女、小男、大女、大男、男再、女再、外地、外国等，小和大以27岁为界。多数情况下，兰毓云会在资料里为征婚者现场速配。有心急的征婚者，一见到资料册就想上前翻找心仪的对象。对此兰毓云会予以拒绝，因为这是别人的隐私，必须由她和征婚者交谈后从资料里查找配对。

从1954年开始，兰毓云为单身男女牵线搭桥，也和他们共同领悟爱情的真谛。几十年来，她和丈夫促成的夫妻已有1316对，没有收一分钱。她说："爱情和家庭是人生最基本的财富，我希望每个人都能享受到。"

兰毓云曾在武昌某中学工作。谈起当初为什么会帮别人介绍对象，兰毓云说完全是巧合："我当时是做工会工作的，需要关心年轻人的一切需求，所以就帮他们找对象。"

1955年，兰毓云撮合成的第一对夫妻是她的哥哥和嫂子。从那以后，陆续有男女找到她，希望得到她的帮助，兰毓云总是有求必应。为了接待求偶者，兰毓云时常工作到深夜；为了尽快给求偶者配对，即便在睡觉时兰毓云都在思考不同求偶者的条件；为了帮求偶者牵线搭桥，兰毓云自掏腰包多方联系。

平时，由于前来登记的人太多，老两口儿只好每周二、四、六接

待来访者。但一天下来仍有100多位来访者，两位老人家每天要忙到晚上7点多才能歇一歇。

如今，在工作室登记在册的单身男女已经有2万多人。兰毓云的登记簿上密密麻麻写满了征婚者的个人信息，信息细致到戴不戴眼镜、婚房购置在哪里。之所以如此严格，都是源于一份责任。在兰毓云介绍成功的夫妻中，涵盖了各行各业的人，大家亲切地称她为“超级红娘”。

兰毓云说：“大家都信任我，我要对大家负责。一般我找一对合适的人很不容易，都要将求婚者的个人信息比对两三个小时，参考他们的年龄等多方面因素。”

60多岁的张翠介绍，她因和前夫感情不和，经常遭到家庭暴力，2009年3月份两人离婚了。“现在女儿也长大了，我晚年就希望能追求幸福和快乐。”

张翠的女儿是兰毓云的学生，在兰老师的介绍下，张翠认识了一个公务员，对方的爱人已经去世。两人认识后，张翠感受到了从未有过的幸福，对于她来说，每天都是一个快乐的日子，钓鱼、踏青、旅游……3个月后，两人举行了婚礼。“婚礼办得很简单，但我们感觉很幸福，这一切都得感谢兰毓云老师。”

兰毓云做红娘有了知名度后，她的学生经常领来一些人，要求她帮忙给找对象。兰毓云很愿意给这些熟人介绍对象。“详细掌握求偶者的真实信息，是我做红娘的原则，如果两人结婚后不满意，那我可影响了别人一辈子的幸福啊！”

“最难的相亲看了61次。”兰毓云笑着说，“相亲不是街上买衣服，是关系到一辈子的幸福，如果对方说不如意，我决不会劝说。”

虽然成人之美无数，但兰毓云也曾拒绝过不少人。“人品不好、身体不好、习惯不好的不予介绍；双方相隔距离太远的不予介绍；目的性太强、功利心太重的不予介绍。”几十年来，经她介绍成功的夫妻从没有一对埋怨过她。“三不介绍”，再加严格保密和诚心、耐心，成就了兰毓云夫妇“武汉最牛红娘”的美名。

兰毓云做媒从来没有因为自己的原因而中断过，即使是躺在病床上，她也要打电话和委托人沟通，因为兰毓云深知求偶者内心的酸楚和对美好家庭的向往。

2013年3月1日，兰毓云被诊断患有脑梗死和白内障，但她再次拒绝了医生要求她住院的建议。“现在年纪大了，身体也慢慢不行了，但能不住院就不住院。”兰毓云说，“我住院了就不能帮人介绍对象了。每周都会有很多人找我牵红线，我的资料库里面就登记了2万多人，如果我住院了，他们怎么办？”

1991年退休后，老两口儿可谓是衣食无忧，儿女们也都事业有成。但兰毓云闲不住，她放不下自己干了几十年的义务红娘工作。丈夫陈轶伦原本不喜欢这些婆婆妈妈的事，但患难与共的深情让他选择了支持妻子。于是，老两口儿特意将一套闲置的房子腾出来做了工作室。

如今的“陈兰工作室”就是一个甜蜜的果园、快乐的家。兰毓云常说：“家庭是社会的细胞，看到一对对男女相识、相知、相爱，再共同走入结婚礼堂得到一生的幸福，是非常美好、甜美的事情。从小处来说是撮合了他们，从大处来说是为社会做了一点儿有益的事。我们生活无忧，子女也已成才，为别人的幸福出一份力，也算是老有所为。红娘，我会一直当下去。”

好人365 编辑感言

“天上无云不下雨，地上无媒不成婚。”我们需要婚姻介绍机构，更需要像兰毓云老人这样的热心人为年轻人牵线搭桥，如果有更多这样的“超级红娘”，剩男剩女的数字必将大为减少。1316对成功步入婚姻殿堂的夫妻、2万多条详细的征婚者个人信息……见证了兰毓云60年来对社会、对家庭，对每一个期待爱、等待爱的人的奉献。她的奉献感染着城市中每一个人，她的付出让社会多了一个又一个温暖和谐的家。（李雪芹）

网友点赞

福建网友：为众多单身男女牵线搭桥，让他们组成一个个幸福的家庭，帮助别人，快乐自己。

马鲁青：抗美援朝上战场，义务做媒好红娘。牵线搭桥六十载，千对夫妻进殿堂。

一对儿戒指换来教学楼

你若要喜爱你自己的价值，你就得给世界创造价值。

——［德］歌德

“90后”大学生杨艾菁，居然用一对儿价值200元的银戒指，为山区的孩子换来了一座30万元的教学楼。如今，这座教学楼就屹立在贵州省的贫困山区，150多名山里的娃娃们终于有了课堂、课桌，实现了就近上学的梦想。

一对儿价值不过200元的银戒指，却在两个月之间变成了一栋价值几十万的教学楼，这样的故事听起来似乎只出现在童话里。让人不可思议的是，这个童话竟真实地发生了。在贵州省毕节市纳雍县昆寨乡夹岩村的大山里，坐落着一所小学。学校有4个年级，150名学生在这里读书学习。这是一所特殊的学校，在纳雍县甚至整个贵州省，它都远近闻名。因为它的“前身”，竟是一对儿银戒指。

一对儿戒指换一栋教学楼的故事要从杨艾菁的梦想说起。

2012年2月1日，在一家举办“以物易物”活动的咖啡馆里，21岁的女大学生杨艾菁写下了一个梦想，并发到微博上：“我想效仿‘别针换别墅’的故事，用一对儿戒指为贵州山区的孩子换一栋教学楼。希望朋友们能帮忙宣传和参与交换，把它变成我们大家共同的梦想，并一起实现它！”许多人都说，这是一个童话，其中也包括杨艾菁自己。

这对儿戒指的价值仅200元。杨艾菁说，她只是一个普通大学生，能做的只是以这样的方式，一步一步靠近梦想。“也许一年？也许一辈子？不管要换多久，我都要走下去。”

其实，杨艾菁只是单纯执着地想做“童话一样的事”，让人们愿意去相信善良温暖就在身边。

然而，微博发出短短几个小时，就被网友转发了上千次，变成了公益“接力”。

2月5日，第一次交换，乌鲁木齐网友“刘堂堂”，拿一块价值

3000元的和田玉换走了戒指。2月中旬，上海网友赵艺宁用一枚价值万余元的钻戒换走和田玉。同时，贵州籍影视演员周显欣联系到杨艾菁，捐赠一枚钻戒。拿着一对儿价值超过3万元的钻戒，杨艾菁期待着第三次交换。

2月23日，上海一位网友私信她，愿出资30万元帮建一栋教学楼，条件是杨艾菁要回答几个问题：当地政府会不会支持？学校教师能否获得配备？施工过程中如何监督？爱心款项如何支付和管理？这时，时任昆寨乡党委书记的李践通过微博联系到杨艾菁，邀请并全程陪她到昆寨考察。

大山里的艰苦，让从没离开过城市的杨艾菁印象深刻。从县城颠簸2个多小时的泥路方能抵达，村民们居住分散。早上天不亮，孩子们就要起床，有的要翻山越岭，走3个多小时的山路，才能到达乡里的学校……杨艾菁在纳雍县昆寨乡认真考察后，认真回答了网友们关心的问题，并将校址定在了昆寨乡贫困村——夹岩村。3月8日，杨艾菁与昆寨乡政府签订了建校协议。而签下协议，对杨艾菁来说并不代表“戒指换楼”就功德圆满了。除了负责将上海网友的捐款分阶段汇给乡政府，她还要发微博直播学校修建进度，晒工

程的收支明细。

村民们得知网友要给村里的孩子们修教学楼后，都很支持。李践说："乡政府都没有出面，村里就协调征拨了4亩多土地，异常顺利。"对这个人均土地只有半亩、人均年收入只有600余元的贫困村来说，这是村民们最给力的支持。

此时，网友的爱心接力还远未结束。深圳一名设计师网友免费为学校进行了设计；杭州网友筹集6000元购买了700册图书；园艺公司主动上门帮忙绿化；无锡一家爱心企业捐资10万元援建附属设施。同时，纳雍县关心下一代工作委员会的退休老人们自筹了5000元援

建升旗台……成都泡桐树小学六年级学生杨禧寄来了200元压岁钱，并写信说："希望更多的城市小学生朋友参加到杨姐姐的梦想行动中去，为山区的同龄小朋友献一份爱心。"

然而，梦想的实现总要经历一些磨难。进入夏季后，雨多路滑，建筑材料运不进去，施

工进度受到很大影响。“我们都很焦急，压力很大，担心不能按时实现大家的梦想。”建筑队长说。天气一转晴，全班人马就齐上阵，加班加点地干。不少村民也自发来到学校，帮忙打扫卫生，摆放课桌椅，安装自来水管。

直至8月24日，杨艾菁发出了一条微博：“感谢所有人。真不知道怎么表达，终于，教学楼落成了！”网友们纷纷撒花祝福：“与你一同感到幸福！”“敢于把梦想变成现实的人是最可爱的！”“希望孩子们能快快读书！”……

“梦想小学”的建成，最开心的莫过于山里的孩子们。过去，学校只有一年级40多名学生和2位老师。新学校建好后，设置了学前班至四年级，全村7个村民组近150个孩子报名。四年级学生吴梅说：“最幸福的是从家里到学校只要20分钟，再也不用每天翻一座山、来回走4个小时山路去上学了。”

60多岁的村支书很激动：“村里从未有过一座像样的学校，这么多年全村只出过3个大学生。终于在孙辈这里看到了咱村教育的希望。”

特岗教师叶成国的眼中也闪耀着希望的光芒。2011年刚分到这里时，除了黑板和破旧的桌椅，学校连一张办公桌也没有，坑坑洼洼的操场只能让孩子们练习原地踏步、向前看、向后转……艰苦的条件曾让他灰心失望。

“现在，看到孩子们在操场上开心地玩耍，笑容灿烂，我就觉得浑身充满了干劲儿。”叶成国说，县教育局还为学校增添了两名特岗教师，希望来年能将五、六年级继续办下去。

“以后每个新学期，我都会给我的新学生讲‘梦想小学’的故事，不仅让他们学知识、学技能，更要让他们懂得什么是爱、如何去爱。”叶成国说。

梦想一旦付诸行动，所有人都认为遥不可及的“童话”，在“微公益”“微慈善”的接力中，就会一步步从梦想变成现实。

杨艾菁说：“很庆幸人生中能有这样一次经历，和这么多人一起完成同一个梦想，让我真切地感受到了社会的温暖，也让我对‘慈善’二字有了新的理解，这是我一生的财富。”

好人365 编辑感言

“戒指换教学楼”是童话吗？不！这是一个发生在“90后”女孩儿杨艾菁身上的真实故事，也是一场汇聚万千网友爱心的公益接力。许多爱心人士帮助她把梦想从纸上跃到了山间，也为大山里的孩子们插上了梦想的翅膀。有很多人也想去做好事，却止于口头，未付诸行动。杨艾菁梦想做一件不可思议的事情，结果成功了，这就是行动的力量。她用执着和信念告诉我们，只要心怀梦想，就有爱和希望，就能创造奇迹，世界就会越变越美好。（陶　恒）

好人365 网友点赞

浙江网友：“90后”女大学生杨艾菁带动了众人的力量，让150多名山里娃实现了就近上学的梦想，很伟大！

上海网友：神奇的教学楼来得其实不容易，它承载了杨艾菁的爱心，连接起了好人群体的大爱精神，这样美好的故事我们要记住它、传播它。

写邮件 草稿箱 已发送

收件人 haoren365@wenming.cn

主 题 心语

正 文

发 送

中国文明网
www.wenming.cn

小家电修出大爱心

把别人的困难当成自己的困难，把同志的愉快看成自己的幸福。

——雷　锋

古稀老人王家治，从24岁起，53年来义务为人修理小家电。看似小事情，却坚守了半个世纪。他说，自己之所以53年坚持做好人好事、助人为乐，就是为了报答党和政府的恩情。

70多岁的王家治和很多老人一样，每天早上都会去公园，但别人是为了锻炼身体，而王老却是为了给大家免费修理小家电，他已经坚持了整整53年。他说："趁我现在身体还好，能为大家多服务一天是一天。"心怀理想和信念的王老，2012年底再次递交了入党申请书，"党和政府是我的恩人，我所做的一切都是为了回报党的恩情！"

王老自20岁参加工作以来，一直被单位评为先进生产者。1962年，他在单位利用空闲时间学会修理无线电技术后，一直坚持默默地帮助身边的人修收音机、小家电。直到2010年有一位听众打电话给芜湖市广播电台，表扬王老免费上门帮他修理收音机，才引起了大家的关注。仅一个上午，广播电台就接到十几个表扬王老的电话，乐于助人的王老才被大家广泛知晓。

王家治老人家住芜湖市东部星城小区，台灯、电饭煲、电风扇……小小的房间中，摆满了各种等待修理的家电。由于交通不是特别方便，为了不耽误别人的上班时间，王老经常早上4点就要起床，6点之前就得赶到车站，有时甚至要换乘好几次公交车才能到要修理电器的人家中。有人劝他不要这么辛苦，可是王

老说：“我是去给人家帮忙的，如果还要人家在家等我，那我是给人家帮忙还是给人家添麻烦啊？”王老是这样说的，也是这样做的。有一次，他到青山街小区4栋的何师傅家上门维修，他先换乘了两次公交车，又步行10多分钟赶到青山街，但何师傅有急事先出门了。然而王老却没有埋怨，后来经过联系，又再次上门为何师傅修好了收音机。为了更好地为大家服务，王老主动在广播里发布了义务上门修理收音机的信息。自那以后，他接到了更多的电话，一天转四五次公交车、步行几个小时，已是家常便饭。

王老还积极参加社会公益活动。不管是他自己所在的社区组织的公益活动，还是其他的社区或单位组织的公益活动，不管路近还是路远，只要是组织单位提前打个招呼，王老都会准时参加。据王老回忆，仅2013年至今，他参加的社会公益活动就不下40场。

2013年的7月，王老的家里多出了一个孩子，原来这个孩子是同小区邻居家的孩子。夫妻俩要到外地出差两个星期，孩子才上小学，无人照顾，夫妻俩到处打听有没有照顾孩子的合适人选，得知这一消息后，王老联系上了这对夫妻，说他可以帮忙照顾孩子。第二天王老就开始了每天往返于学校与家之间的生活。照顾孩子很累，可是从没听过他抱怨一句。孩子父母来接孩子的那一刻，孩子只说了一句：“王爷爷，我还能再来您家吗？”

王老常说：“要尽自己所能帮助需要帮助的人。”近年来，街道、社区组织的道德讲堂活动，他也都积极参与，并且在活动中向大家讲述自己的故事，希望能够带动更多的人参与进来。2013年3月，王老荣获“2012年度芜湖新闻人物”称号；同年12月，又当选为2013年度“芜湖好人”。2013年对于王老来说极其有意义，不是因为他获得了多少的荣誉，而是多年来的心愿终于可以达成了——成为一名中国共产党党员。2012年10月19日，王老向所在社区党组织正式递交了入党申请书，经所在社区的培养考察，王老于2013年10月19日成为预备党员。获知这一消息，王老激动地说：“没想到在有生之年能实现我的愿望，感谢党和政府帮我完成了这个心愿。我没有什么可以奉献给党的，只有在今后的生活中尽自己最大的努力帮助更多需要帮助的人！”

一顶社区配发的志愿者服务红色帽子、一件绿色老式外套、一个

墨绿色大包，王老还是那副标志性打扮。尽管已经78岁高龄，但他仍然精神矍铄。王老的工具包挺沉，有十几斤重，包中都是各种修家电的工具。王老却说：“真不重，拎着这个到处走早就习惯了，有时候还要带好几个小家电回家修呢……”

“现在的生活呀，更忙了，基本一天都没得歇。”自从被媒体报道并被大家熟知后，王老依旧住行朴素，依旧热心助人，唯一不同的是，王老比以前更忙了。每一天，他不是在帮助人，便是在帮助人的路上。

“每天早上到赭山公园，每周一下午去鸠兹家苑养老中心，周三在黄果山社区，周末上门服务……”说起自己的时间安排，王老显得格外满足。对于王老而言，帮助他人是习惯，更是爱好，已然成为他生活最大的一部分。“学雷锋做好事，为您服务”这句话不仅长期写在他工具盒的内侧，更是深深地刻在了他的心头。

“我不抽烟不喝酒，只有两个爱好，最大的那个就是帮人修东西。”在生活中，王老还有一个不为人知的爱好——养生。为此，他经常会泡泡药酒，按摩穴位，翻阅养生方面的书，只因“身体是革命的本钱，养生让我身体健康，才有资本去服务别人”。在老人的书房里，垒起来的厚厚几叠书中，除了养生保健方面的书籍，便是《电磁炉维修技能》《上门速查速修新型电冰箱500例》《新型洗衣机故障检修学用速训》等各种新技术学习的资料书。

“虽然我已经78岁了，但做好事一辈子不嫌老。”王家治坚定地说，“只要身体允许，我一定会干到干不动的那一天……”

好人365 编辑感言

做一件好事并不难，难的是一辈子做好事。每天帮人修理小家电，这都是日常小事，但在历经时间的洗礼后，呈现出的便是无垠大爱。纵观王家治老人几十年做好事的足迹，不难发现，这并非是他心血来潮的一时冲动，而是他回报社会回报党的实实在在的行动，而这一行动一坚持就是53年。这不仅是助人为乐精神的升华，更是引领社会“真善美”风尚的榜样。（梁艳红）

好人365 网友点赞

湖南网友：53年义务给他人修家电，他不是做一件好事，而是做一辈子的好事，为“老雷锋”点赞！

天津网友：人心向善，发扬雷锋精神，七旬老人五十三载助人为乐，正能量引领“真善美”。

『彩虹妈妈』的『小荷公益』

我是春蚕，吃了桑叶就要吐丝，哪怕放在锅里煮，死了丝还不断，为了给人间添一点儿温暖。

——巴　金

她是一个普通人，被大家亲切地称呼为“彩虹妈妈”；她是一棵参天大树，为需要的人们遮风挡雨。她和她的团队帮扶留守儿童5155人，服务孤寡、空巢老人4000多人次，帮助了102名服刑人员的未成年子女，为偏远乡村小学建成20个图书室。她就是“N次方”传播爱心的和西梅。

山东泰安，在一个普通的、紧邻菜市场的小区门口，人们经常可以看到一个脚步匆匆、早出晚归的身影。她叫和西梅，43岁，平日经营着一个小诊所。人们都叫她“小和”，2006年她成立的公益组织叫“小荷”。人们都说这个“荷”取自“小荷才露尖尖角”，她则说，还要再加一个“负荷”的“荷”！

2006年，一个偶然的机会，和西梅参加了一个帮扶贫困孩子的公益活动，志愿者们的无私奉献、孩子们的困难处境和受到帮扶后的快乐，深深地震撼了她。从那天起，她成为一名志愿者，开启了她的公益生涯。

一开始，和西梅试探性地在网上发起了爱心捐赠活动。出乎意料的是，短短一周之内就有十几位志愿者参加。最终，和西梅将满满一车捐赠物品送给了泰安盲校的孩子们。“看到孩子们收到礼物那么高兴，我总觉得自己该继续做点儿什么。”和西梅说。

从那以后，她不断通过网络和亲朋好友寻找需要帮扶的孩子。每当听说哪里有孩子需要帮扶的时候，她就起身前去探望，认真记录孩子的情况，整理好之后发到网上，寻找社会爱心人士捐款捐物，然后送到孩子手中。

后来，和西梅给这个活动起了个名字，叫“微爱助学”。她说：“面对孩子们，我们能做的其实很少，付出的只是一点点爱。”

有个叫巧玲的7岁女孩儿，成绩优秀，性格开朗，但家庭负担很重。妈妈去世，50多岁的爸爸患有肩周炎，不能干重体力活儿，只能靠家里的3亩农田维持生计。82岁的爷爷患有严重的肺膜炎、肺气肿等疾病，多年看病吃药背了不少的债。巧玲家的房子破旧得已经没法儿住了，他们一家三口只能住在巧玲叔叔的房子里。即使这座房子也还是两间60年代的土房，经常漏雨。

“好想有个家。”巧玲用最简短的话表达了自己最大的愿望。和西梅看在眼里，疼在心里。为了给巧玲圆梦，她和志愿者们组织了多次募捐和义卖活动，钱不够，和西梅就带头和志愿者们凑。经过几个月的努力，他们终于给巧玲家整修了三间像样的房屋，还添置了一些必要的家具和学习用品。

2013年，在帮扶贫困孩子的活动中，她遇到一个叫诺诺的7岁小女孩儿。年幼的她曾目睹爸爸用刀杀死了妈妈，这给她的心灵带来了

巨大的创伤。

诺诺失去了妈妈，爸爸又进了监狱，她只能和年迈的爷爷相依为命，家境十分困难。当和西梅第一次看见诺诺时，孩子那怯懦的眼神和孤僻的性格深深地刺痛了她。针对这种情况，和西梅为诺诺制订了详细的帮扶计划，不但从物质上保证诺诺吃饱穿暖有学上，还联系了心理专家对她进行心理干预。

为了能让诺诺感受到母爱和家庭的温暖，和西梅经常在周末和假期把诺诺接到自己家里，做起了“代理妈妈”。她辅导诺诺学习，跟诺诺一起做家务，带诺诺跟同龄的小朋友一起出去游玩。

第一次跟诺诺一起做饭的时候，她发现诺诺的眼神里流露出一种无法掩饰的对刀的恐惧。和西梅在咨询了心理专家之后，小心翼翼地引导诺诺消除对刀的恐惧。慢慢地，诺诺可以主动地帮着切菜了，还学会了包饺子，性格也逐渐开朗起来，能够跟她说心里话，也能够跟小朋友一起玩耍嬉笑，变成了一个开朗阳光的小女孩儿。

2013年以来，和西梅和她的团队已经帮扶了102个像诺诺这样的孩子，她被亲切地称为“彩虹妈妈”。和西梅开创的“彩虹村”助学项目得到了服刑人员的充分认可，有一部分服刑人员在走出“高墙”后，还特别申请加入“小荷公益”，并成为了合格的志愿者，有效预防了二次犯罪的发生。很快，“彩虹村”项目得到了社会各界的肯定，被评为“山东省青年社会组织杰出公益项目”，并在全国公益项目大赛中荣获“全国百强项目”称号。

和西梅患有心脏病。2011年的一天，在一次活动中，她突然心悸胸闷，头晕目眩，站不起来……她在担心自己的身体之余，也开始担心自己热爱的公益事业。她想，如果有一天自己倒下了，需要帮助的孩子、老人怎么办？

是啊，一个人的力量是有限的，如果能通过自己的努力，带动更多的人加入到志愿者的队伍中来，这个世界就会增添更多的正能量。所以她多次说："我最大的理想是做一名爱心传播者。"

和西梅的儿子4岁起就跟着她参与公益活动。现在，上初中的他已经成了一名志愿者，不仅为妈妈出谋划策组织公益活动，还带动一些同学和同学的家长走进志愿者队伍。

通过和西梅的感召和带动，不仅仅是自己的家人，社会上越来越多的人也纷纷加入"小荷公益"志愿者的行列。他们中有学生、企业员工、公务员、记者、教师、律师，也有教授、企业家、退伍军人等等。

为了更广泛地传播公益理念，2013年，和西梅策划了"公益课堂"项目。两年来，免费为党政机关干部、学校师生、企业员工、武警官兵、监狱服刑人员授课，直接听众47000多人。她还多次应邀到外地授课、组织公益沙龙。也许正是知道自己得了心脏病，她越来越明白，事业永远做不完，而个人的精力毕竟有限，她要带出一支"能征善战"的团队，把爱心"N次方"地复制与传播。8年来，她和她的团队帮助了5000多个贫困儿童。

目前，和西梅精心打造的“小荷公益”已经初步建成了完备的组织体系，拥有核心志愿者100多名，经常参加活动的志愿者有800多名。和西梅和她的团队已经策划实施了10个高品质公益项目：有针对服刑人员未成年子女的“彩虹村”项目，有针对留守儿童的“微爱助学”项目，有针对白化病患者的“月亮家园”项目，有关注环保的“帕客”项目，有旨在建立新型公益模式的“半天公益”项目……就这么坚持着，风雨兼程，10个项目几乎倾尽了这个新生的公益组织所有的能量。

2014年，和西梅在生日前后，接到了很多孩子的祝福短信、信件和手工礼物。最让她难忘的是一个小小的塑料奥特曼，孩子在信里说：“和阿姨，这是我最喜欢的玩具，送给你吧。”那一刻，和西梅感动得哭了，她说：“孩子把他最喜欢的东西送给我，没有比这更珍贵的礼物了。”

“我觉得，做公益已经成为我生命的全部。”和西梅是这样说的，也是这样做的。

编辑感言

和西梅在做好自己的事情的同时，还积极地向全社会分享她的理念、心得、方法，通过“公益课堂”把自己的所想所得无私地奉献给别人。这本身既是学雷锋志愿服务活动，也是对雷锋精神的弘扬。对志愿服务的理念、方式和方法的传播，既从精神上带动人，又从实践上指导人。爱在和西梅这里得以托付、释放和传播。（梁海燕）

网友点赞

浙江网友：传递爱，没有休止符。

广西网友：和西梅无私献身公益事业，更可贵的是，她既从精神上带动人，又从实践上指导人，让爱心得以“N次方”传播。为和西梅点赞！

慈善路上的『潜行』者

人之为善，百善而不足。

——杨万里

一颗淡泊名利的平常心，一片不求回报的赤子情，这就是27年来隐姓埋名慈善捐款的张纪清，甚至连他的孩子都不知道父亲就是大家在寻找的“炎黄”……

一个善良的背影，汇入茫茫人海。你用中国人熟悉的两个字，掩盖半生的秘密，你是红尘中的隐者。平凡的老人，朴素的心灵；清贫的生活，高贵的心灵。“炎黄”不是一个名字，是一脉香火，你为我们点燃！

这是写给化名“炎黄”的张纪清的颁奖词。张纪清老人因为他的大爱之举被评为“感动中国2014年度人物”。站在中央电视台演播大厅的领奖台上，年过七旬的张纪清老人言辞质朴：“千万不要忘掉我们是中华民族的后代，中华民族的优良传统一定不能丢！”

在江苏省江阴市，自1987年6月起，一段关于“炎黄”的故事，一直被江阴的百姓传颂着。27年来，有一位化名为“炎黄”的人，每年都会寄出捐款给江阴祝塘敬老院、社会福利事业以及希望工程，还多次在“七一”前夕交纳特别党费。由于汇款地址不断变更，人们通过各种方式试图见见这位“炎黄”的真面目，却总是查无此人。“炎黄”究竟是谁，始终是个谜。

2014年11月20日下午2点左右，一位七旬老人在张家港一家邮政储蓄银行汇款后突然倒地，随后被民警送到医院抢救。民警发现，老人身上没有手机和身份证，只有3张汇款单据，汇款人一栏写着“炎黄”和“黄炎民”。“炎黄”，这位27年来让无数江阴人牵肠挂肚的好心人，就这么水落石出了。

老人叫张纪清，是江阴市民苦苦寻找了27年的好人“炎黄”。

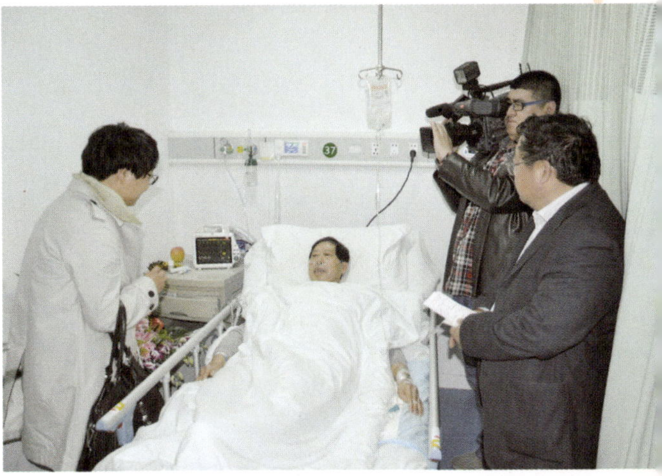

“我辛辛苦苦‘潜伏’二十几年，没想到还是‘栽’在了警察手里。”一次晕倒暴露了自己半辈子的秘密，张纪清一脸无奈。“我做的都是些小事，无非是坚持的时间长一点儿而已。”他觉得，自己做的事是微不足道的，不想声张。

当得知父亲出了意外，张纪清的儿子心急火燎地从江阴赶到了张家港市中医院，没想到围上来一群媒体记者。摆在面前的一个事实令他震惊万分，一直以来被大家视为楷模、口口相传的“炎黄”居然就是自己的老父亲。他在接受采访时依然难以置信，那么一个勤俭节约的人怎么会有如此的“大手笔”。“我爸瞒了我20多年。”情难自已的他眼角泛起了泪光，“他一直都是位好父亲，从小教育我们要省吃俭用，要有一颗善心，但我真的没有想到，‘炎黄’就是我最亲近的人。”

的确，对于家人，张纪清半点儿口风也不肯透露。唯一的知情者——妻子，也是在为他洗衣服时翻出了汇款单，才发现了丈夫的“秘密”。妻子是党员，面对丈夫的“坦白”自然是理解的。“不告诉儿子是因为不想影响他的工作和生活，他是政府工作人员，低调一点儿好。”

1987年，做供销员的张纪清正巧从江阴市祝塘镇去无锡出差，路过市区的汉昌路邮局，他走了进去，取出1000元，在汇款单上写下了“无锡汉昌路1439号”，落款“炎黄”，并备注附言“以此来表孝敬老人之心，请转交敬老院”。

于是，化名“炎黄”的第一笔捐款，寄给了正在筹建的江阴市祝塘镇敬老院。

这是张纪清第一次以“炎黄”的名字汇款。1000元，在1987年相当于一个普通职工两年的工资。

这笔钱来源于改革开放初期，张纪清自个儿鼓捣的副业——地鳖虫养殖。张纪清的儿子张虎回忆，从孵化幼虫、饲料喂养，到成熟后捞出烫死、晒干、交付，张纪清最终收获了近万元。由此，他成了祝塘镇上少有的“万元户”。

虽是“万元户”，可张纪清两口子依然过着清贫的日子。“在我的记忆中，一年也吃不到十次肉，父母生活特别节俭。”张虎说。

“一位身高1.65米左右、45岁模样，皮肤黝黑、身穿白色衬衫的中年男子。”这是无锡丁村邮政所退休职工张耀文对张纪清形象的描述。祝塘镇政府还专门找了画家根据张耀文的描述，给“炎黄”画像进行寻找、比对，可依旧是徒劳。

近30年来，张纪清跑遍了无锡、苏州、上海周边的邮局，为的就是做个默默无闻的好人。“我爸真像个‘游击队员’，打一枪，换一个地方。”儿子张虎说。

邮局汇款规定一定要写清楚汇款人的名字和地址，而主动隐身的“地下工作者”张纪清总有自己的“妙招儿”。无锡汉昌路1439号、上海虬江路760号、无锡黄泥桥13号、无锡市荷叶新村34号、无锡市广丰三村38号……张纪清总能够捏造出各种汇款地址。说到这里，他也得意地抿着嘴笑了。

“他们（受助者）找不到我，也就没有思想负担了。”张纪清总是为受助者考虑。“我觉得吧，捐助的人，不要以恩人自居，不然还是不要做了。”张老挥挥手，一脸懊悔地说道，“只是没想到，这一次‘晕倒’竟然把我隐藏了半辈子的秘密倒了出来。”

儿子张虎告诉记者，由于不是正式编制员工，退休后的父亲收入并不高，每月只有78元退休金及500元失地农民补贴。“他把我母亲的退休金和我们孝敬他的钱，除去必要的家用，都悄悄地拿出去做慈善了。我一直知道父亲乐于助人，没想到他竟然就是‘炎黄’。”20世纪90年代末成家后，张虎便与父母分开居住，对于父亲藏着掖着做的好事并不知晓。

“做好事，不留名，不图利。我做的小事都是举手之劳，帮助他人是我们每个人都应该做的。”张老先生说。

“我是放牛娃出身，吃过的苦我心里最清楚，是国家和社会让我过上了好日子，我想把这种感恩化作实实在在的行动。”平时节衣缩食的张纪清，帮助别人时却一点儿也不含糊。除了27年源源不断捐款捐物，张老更是个古道热肠的“路人”。

40年前的一天，在无锡火车站出站口附近，张纪清偶遇一位从内蒙古赤峰远道而来的小姑娘。“瘦小的模样，像个初中生，看上去很无助。我便走上去询问她是否有困难。”张纪清开始讲述这个他从未向外人说过的事。

原本提前一天用电报通知舅舅在出站口接她，可当时通信不发达，小姑娘的舅舅并没有收到。当张纪清得知这位小姑娘的遭遇后，主动带她去电报局给家里回电报，帮助她找“南门冷宿街”上的外婆和舅舅。

趁小姑娘发电报之时，张纪清向路人询问“南门冷宿街”的具体方位。打听清楚公交线路后，他返回电报局，发现周围有三个小伙子围着这个小姑娘。“我感觉这些人不怀好意，便走上前去，说：‘走！’”张纪清进去直接领着小姑娘离开了电报局。

最终，张纪清带着小姑娘找到了她的外婆和舅舅。“帮助别人很简单，有时就是搭把手的事。”张纪清说。

从半大小伙儿时起，张纪清就是祝塘镇大宅浜河边上的义务救生员。一年到头，总能从河里救起三五个落水者。在浙江出差时，还偶遇“瘸子”阿毛，他不辞辛苦将这位风湿性关节炎患者带回祝塘老家治疗。阿毛返乡后，张纪清还给他送去治病的药酒和5000元盖房子的钱。

张纪清做过的好事，数也数不过来。“做好事也要做好心理准备，经受得起伤害。这么多年我也被骗过，遇到过个别‘白眼儿狼’。”“虽然几十年过去了，但很多事情我都记忆犹新，好像一刀一刀刻入了我的生命中。”老人挥了挥手，“只是，只有我知道。”

祝塘镇退休教师丁道昌，近年来受到江阴“炎黄”精神的感召，曾9次远赴宁夏希望小学支教。这位与张纪清相识了40多年的挚友，也不知道他便是“炎黄”，更没想到的是“炎黄”就在身边。

“炎黄”曝光了，但张纪清的爱心捐助还将继续下去。“东南沿海地区富裕起来了，家家衣橱里有好多闲置的衣物，而那些贫困地区的人一年到头都没有件像样的衣服，平时劳作时更不舍得穿新衣。”张纪清颇有感触。多年来，他一直有个想法，就是牵头把周边地区人们不穿的衣服募集起来，送到他曾经考察过的那些贫困地区去。

祝塘镇“炎黄”陈列馆内，翔实的图文介绍和书信资料生动呈现了一个在“炎黄”精神影响下茁壮成长的群体：有人用“金盈”“欧阳”和“周睿”的化名，相继向祝塘敬老院汇款1万元、1000元、700元；江阴西郊敬老院连续11次收到一位新“炎黄”的资助，总计5200元；南通市“希望工程”收到江阴一位匿名捐助者的10万元捐款；江阴一对夫妻化名“党吴黄”寄给湖北省十堰市市长5000元，委托对方资助贫困孩子读书……

据不完全统计，从2008年至今，江阴市红十字会共收到匿名捐款80笔，总额约12.8万元。在市慈善总会的日常捐赠本上，仅今年的记录中就有15笔为“隐捐”。如今，炎黄陈列馆已经成为当地爱国主义和青少年素质教育基地，每年有不少社会各界人士自发到这里来参观。张纪清近30年的爱心坚持让“炎黄”从一个名字升华为一种奉献精神，也掀起了这座城市慈善事业的一场“隐形”旋风，越来越多的普通市民成了“炎黄”的同行者。

好人365 编辑感言

“想着能有更多的人关注做好事而不是我这人”，张纪清老人用一句最质朴的感言，说出了当下社会中很多志愿者的心声，也诠释了助人为乐精神的最高境界。张纪清老人并不是什么企业家，更不是大款，他只是靠着每月几百元的退休金，一点点省吃俭用的积攒进行捐助。但正是这一笔笔几十、几百元的周济，可能已经改变了很多人的命运，这些功德远非金钱数目所能衡量。

老人把爱心事业默默坚持了近30年，在他本人看来，这是一件小事情，而在这件“小事情”背后体现的却是一颗淡泊名利的平常心、一片不求回报的赤子情，这正是当下社会最宝贵的东西。一个人的力量始终是有限的，如果人人都出一点儿力，人人都来成为“炎黄”，那我们的社会一定会更加美好。张纪清老人朴实的愿望，正透过活跃在城市街头巷尾的公益身影，让梦想逐渐成为现实。（王　楠）

好人365　网友点赞

福建网友：张纪清不仅是我们身边的好人，更犹如一座精神灯塔巍然屹立，照亮我们前行的道路。

上海静安阳光少年：一份淡泊名利的平常心、一份不求回报的赤子情。

『爱心的姐』王淑贤

人生的真正意义在于奉献，而不是索取。

——**张海迪**

在天津35000多名出租车司机中，她是第一个挂出“老弱病残免费乘车”牌子的善良的姐。这八个字陪伴她度过了近20年。

在天津有这样一位出租车司机，她为养家糊口开出租车近20年，却让无数老弱病残免费乘车；她自己吃烧饼、喝凉水，却总给贫困大学生送去吃和穿，成为孩子们口中的“雷锋妈妈”；她家住在不足20平方米的小房子里，却把多年的积蓄借给拆迁的困难家庭买房子；她患上脑梗，无奈之下弃车养病，却带领全家填写捐献角膜、器官的志愿书；她甚至还扶助赡养多位孤寡老人直至终老。如今，已经60岁的她，依然活跃在志愿服务活动的第一线。

她就是“爱心的姐”王淑贤。

王淑贤是吉林白城人，父母都是工人。在兵团下乡的时候，她爱上了天津知青。她说：“天津人热情、实在、爽快，跟咱对路。”返城时她随爱人来到天津，在天津市第24塑料厂上班。后来厂子倒闭了，朴实能干的她，卖冰棍、卖热带鱼、卖西瓜、剃头、摊煎饼馃子……啥都干过，一个人能干好几样活儿。后来她和丈夫筹集资金买了一辆夏利汽车，成为出租车公司的驾驶员。

王淑贤被群众称为“爱心的姐”，是天津市35000多名出租车司机中第一个提出“老弱病残免费乘车”的司机。当时有人不理解，说她作秀；有人骂她神经病；有人怀疑她的真诚；还有人说她是“兔子尾巴长不了”。一晃将近20年，王淑贤始终信守着自己的诺言，她的出租车上一直挂着“老弱病残免费乘车”的牌子，为中外乘客提供最优质的服务，随时随地帮助困难群众。

那些年，王淑贤几乎每天都超负荷工作，因为她不但要满足乘客的乘车需要，还会特意到医院、学校、车站等处，寻找需要帮助的人。她车上总备着一个小本子，上面清楚地记着需要帮助的老人、病人和残疾人的姓名、电话、地址和具体的乘车需要。王淑贤曾经每周两次免费接送一位津南区的患者来市区看病拿药，风雨无阻地坚持了3年，直到他身体痊愈。

有一次，王淑贤看到一位女士吃力地搀扶着残疾丈夫去医院，就帮助她把病人送到诊室，交费、取药，又送回家，一上午没挣一分钱。王淑贤还把电话号码给了她，告诉她，遇到困难时，不管白天晚上，随叫随到。这位女士姓郑，儿子在江西上大学，春节后返校时，正赶上天降大雪，公交车很少，出租车更是一车难求。眼看就赶不上火车了，万般无奈下郑女士拨通了王淑贤的电话。王淑贤冒雪及时赶到。送孩子上火车后，郑女士感激地说："残疾人坐车你不要钱，这次可是为我儿子救急啊！"说着就往王淑贤手里塞钱。王淑贤推回她的手说："送残疾人家属，也是为残疾人排忧解难呀，照样不能收钱！"

王淑贤资助的贫困大学生都是她从街上"转悠"来的，她还成为了五个孩子的"妈妈"。2004年，山东小伙儿陈好亮来天津上大学。新校区在北辰，陈好亮从大胡同下车时天都黑透了，已经赶不上末班车到新校区报到。因为家境贫困，他舍不得乘出租车，只能焦急地在路边徘徊。这一幕恰好被王淑贤看到，问明情况后，她招呼陈好亮上车。见陈好亮面露难色，她赶紧解释："傻孩子，阿姨不要钱，免费送你。”在车里，王淑贤听说男孩儿家在山东农村，非常贫困，心里很不是滋味。到了学校，王淑贤帮他联系好住处，突然想到孩子可能还没吃饭，就把车里的两个烧饼塞给了他。陈好亮说，他是就着泪吃下了那两个烧饼。临别时，王淑贤把自己的联系电话给了陈好亮，告诉他，有困难一定来找阿姨。第二天，王淑贤心里一直惦记着陈好亮，干脆开车到学校去看他。

在学校的帮助下，王淑贤终于在贫困生的名单中找到了陈好亮，于是拿出几千元给陈好亮交了学费，并且告诉他：“有困难找阿姨，急需用钱也找阿姨，你同学中有和你一样困难的，也告诉我……”就这样，王淑贤每月给陈好亮100元零花钱，并且每周末把他接到家里，做好吃的改善生活。渐渐地，有5名贫困大学生接受了这样的帮助，而且一帮就是4年，直到他们毕业后找到工作。在他们心中，王阿姨早已是“王妈妈”。陈好亮曾这样写道：“津城求学遇迷惘，的士雷锋搭手帮，情深义重胜爹娘，爱心芳香永传扬。”“他们现在都已经毕业工作了，有的已为人父母，但还是管我叫妈妈，现在我又多了不少孩子呢！”王淑贤欣慰地说。

一直以来，王淑贤有个心愿，就是能到天安门广场看一次升国旗，但由于多种原因，她始终未能如愿。王淑贤所在的“出租车雷锋志愿者团队”的车友们得知她的想法后，在元旦陪着她到北京去看了升旗。王淑贤被升旗仪式的庄严所震撼，更为祖国的日益强大而自豪。在回津路上，她想到这些年正是有了党的好政策，才让她的生活得以改善并有了养老保险，衣食和看病全不愁，于是她产生了第二个心愿——交一份特殊的党费。

2013年2月5日，王淑贤冒着小雪拎着一书包多为5元、1元，甚至是5角的零钞，来到和平区劝业场街静园社区居委会，这是她一年中积攒的共计8000元钱，这些钱相当于她两三个月的收入。王淑贤说：“经常有认识我的乘客，下车时就放下车费并谢绝找零钱。于是，我在出租车里放了一只红色的‘爱心款’小塑料桶，把这些钱和每天营运中收来的零钱都存在小桶里。我要通过社区居委会把钱捐给生活上有困难的群众。”在社区居委会的帮助下，2000元通过妇联捐给了天津市宁河县潘庄镇患有成人斯蒂尔病的女青年刘婷；1000元通过慈善组织捐给了革命老区的两位单亲母亲；剩下的5000元钱，王淑贤则通过静园社区党支部交纳她的特殊党费。

奉献是王淑贤的乐事，同时她也带动和影响了身边的许多人。她所在的出租车车队的伙伴儿们经常和她一起去慰问养老院老人、孤老户和残疾人，和她一起到湖南、山东和东北等地开展志愿者爱心活动。

2005年6月，王淑贤实现了多年的夙愿，光荣地加入了中国共产党。2008年，她和丈夫一起签署了遗体捐赠志愿书。2013年3月，她又带领全家填写了捐献角膜、器官志愿表，就连6岁的小孙女也自己填写了志愿书。

2013年下半年，王淑贤被检查出患有脑梗，不再适合开出租车。在儿子的极力劝说下，她告别了心爱的出租车。但她并没闲着，而是参加了社区志愿者服务队，每天上街巡逻，帮忙疏导交通。

如今，王淑贤还有一个心愿，就是为西部干旱地区捐赠10个爱心水窖。曾有人问她，你成天做好事，为别人活着，难道没什么可图吗？“只要人人献出一点儿爱，世界会变得更可爱。有爱就足够了。”王淑贤说。

好人365 编辑感言

我们身边不乏善心的人，但“爱心的姐”王淑贤不管自己的生活多么艰难，依然把这种善心持续下去，这样的坚持着实可敬。我们身边也不乏路见不平拔刀相助者，可是这种“上杆子”出手相助救他人于危难的好人更是可敬。“爱心的姐”王淑贤就是这样一个始终秉持着善心的人，“把想做的事做了，想帮的人帮了，救别人的命，也是延续自己的生命。”这样简单而又朴素的想法就是她的人生观和价值观。平凡如王淑贤者，却让我们领略了人心向善的精神光彩！（张慧磊）

好人365 网友点赞

欧洲网友：小小的爱心积攒起来会是一份大大的温暖，一个个爱心行为传递开来就会是一份大的公益。从身边的小事做起，从力所能及的事做起。

牛丹丹：“好的姐”王淑贤，我们学习的榜样，以博爱之心、良善之举，感动着我们。

情系军营的『兵妈妈』

我们要像春蚕一样，将最后一根丝都吐出来，贡献给人民。

——周恩来

几十年来，她经常到基层、下连队，与新战士和退伍老兵交心谈心，解决他们的实际困难。她走访军人家庭4500多户，帮助30多名军嫂、复转军人找到工作，资助530名失学女童，让她们重返了课堂……在北京军区，“兵妈妈”韩瑞芬本着“退休不退志，爱心不下岗”的信念，始终心系部队，情牵公益，饱含深情地为部队建设、为社会和谐倾注心力，无怨无悔奉献余热。

从1969年入伍的那一刻起，韩瑞芬就暗暗许下了为部队奉献一生的誓言，40多年来，她兢兢业业勤恳工作，践行着自己的诺言。

从1990年开始，每年新兵入伍、老兵退伍，韩瑞芬都会驱车千余里，跑遍华北地区所属部队，对新、老兵进行授课和心理疏导，20多年如一日，从未间断过。广大官兵视她如亲人，都亲切地叫她“韩妈妈”“兵妈妈”。退休以后，韩瑞芬依旧热情地为部队服务。随着年岁增长、身份转换，她对“奉献”有了更深刻、更全面的认识。在她看来，身为军人，为部队建设、为社会和谐、为群众福祉发光发热，是责任、是使命，退休不能易其心，离岗不能易其志。

2004年1月的一天，天气异常寒冷，韩瑞芬到北京军区警卫营新兵连看望官兵，与每名新战士谈心交心，鼓励他们走好军旅生涯的第一步。新兵谈子民跟韩瑞芬接触最多。2004年5月，谈子民因工作左手手指骨折，韩瑞芬急忙联系北京军区总医院骨科专家给他做手术。手术当天，她一直在医院陪伴，之后还几次到医院照顾。2005年，韩瑞芬鼓励谈子民考军校，找他谈心，给他鼓劲。2006年9月，谈子民考上了解放军理工大学。上学期间，韩瑞芬多次打电话询问他在学校的情况。毕业后，谈子民分到北京卫戍区基层部队，韩瑞芬仍然对他关怀备至。谈子民不止一次表示，他一辈子忘不了“韩妈妈”，他为有这样的妈妈而感到骄傲、自豪。

为退伍老兵开展心理疏导，鼓励他们光荣返乡、再创辉煌，则是韩瑞芬从1991年就开始的“爱兵之旅”。退休后，“爱兵之旅”也未停歇。每年战士复员退伍期间，韩瑞芬都要下部队看望退伍老兵。每到中秋节、春节等节日，她更是惦念着基层的战士们。数年间，韩瑞芬先后到军区联勤部、河北省军区、天津警备区以及广州军区、沈阳军区的基层部队，给战士们送去温暖。

2014年11月27日，韩瑞芬在老伴儿的陪伴下来到北京军区门头沟某部队，与退伍战士们沟通交流，激励他们不忘军人本色，奋发进取，走好成长之路。12月1日下午，她和老伴儿又去了军区警卫营，一一叮嘱每位退伍战士，直到深夜12点才离开军营。老两口儿冒着严寒，可心里却是暖的。韩瑞芬深情地说："做一辈子兵妈妈，为官兵服务今生无悔。"

"做一辈子兵妈妈"，为了这个信念、这句承诺，韩瑞芬数十年来不知付出了多少时间和精力。几十年间，她走访慰问了4500多户官兵家庭，把关怀适时贴心地送到了官兵身边。一次，她到内蒙古边防某基地指导工作时，听闻勤务连指导员的儿子出车祸，造成其妻精神恍惚。第二天，她就赶到上百公里外，鼓励和帮助这位指导员的爱人振作起来。有些志愿兵从京外基层部队来北京为孩子看病，韩瑞芬就让他们住在自己家里，不仅热情接待，还想方设法帮忙联系医院和医生。

韩瑞芬还特别关心部队的文化建设，为此，她想方设法发动了20多名老艺术家、老军人，组成了"兵妈妈慰问退伍老兵演出队"。演出队的志愿者们大都来自总政歌舞团、空政文工团、战友文工团。他们早出晚归，深入到连队俱乐部、战士宿舍、火车站台，为退伍老兵演出，受到了老兵们的热烈欢迎。

演出队自2009年1月成立以来，进军营献爱心、送温暖演出40多场却从未收取任何报酬，从不给部队添任何麻烦，甚至有些演出费用还是韩瑞芬自己垫付的。受她的影响，演员们也都开着自家车下部队，给基层官兵带来欢乐。

2009年重阳节，在韩瑞芬的倡议和组织下，来自5个省市的18名拥军模范、妇女先进劳模、退休干部组成了“兵妈妈爱心志愿者服务队”。服务队以为部队官兵服务、关心妇女儿童、救助弱势群体为宗旨，在全国妇联、四川省妇联和华北制药集团的大力支持下，筹集20万元捐款和价值4万元的药品，到四川汶川、都江堰等受灾严重的

地区慰问了100户军属，为绵阳市游仙区妇幼保健院赠送了一辆“母亲健康快车”。返京后，她带着录有灾区战士亲属嘱托的录像片到部队播放，并捐款给7户受灾的战士家庭。官兵们深受感动，都说一定不辜负“兵妈妈”的期望和亲人的嘱托，用实际行动努力践行当代革命军人的核心价值观。

作为女性和母亲，韩瑞芬特别能理解痛苦的煎熬和困惑的难耐。这些年来，她用大量时间为官兵、军嫂、亲朋好友和素不相识的人做心理疏导，走到哪里就把思想工作做到哪里、把爱心传递到哪里。战士们给她写信诉说心事，她都一一给予回复，素不相识的人打来电话，她都热心答疑解惑。她还积极帮助官兵解决婚姻、工作等实际问题，先后为60多对年轻人牵线促成了姻缘，为30多名转业干部和退伍老兵联系工作。

韩瑞芬还发起组织了北京军区“司令部志愿者服务队”，扶贫济困，无私奉献，先后组织捐款70多万元，赢得了军地一致赞誉。她又在北京农家女学校、太阳村建立了“爱心基地”，连续8年为农家女学校义务授课，为太阳村服刑人员子女献爱心。她带领服务队连续10年救助河北省临城县贫困失学女童，帮助530名失学女童返回校园。

李星是河北临城的一名贫困女童，因为韩瑞芬的帮助，她成为不幸中的幸运儿。当她忍受着父亲离去的绝望、吞咽着面临退学时的泪水、心疼母亲的无能为力、百般无助之时，她见到了可亲可敬的“韩妈妈”。韩瑞芬为她带来了学费、学习用具、书包等，更给她的生活带来了阳光和希望。当李星重新走进课堂，捧起心爱的书本时，她又找回了以前的自信，成绩也迅速提高，还被评为河北省优秀春蕾女童，并以全县第一的成绩考入县重点高中。

当人们问起韩瑞芬，究竟是什么力量能让她几十年如一日服务部队、奉献社会时，她回答说：“是党的培养、部队的教育，把我从一个普通的农家女培养成为共和国的军官，我没有理由不回报社会。”

编辑感言

韩瑞芬，一位和平年代最可爱的人，虽不曾扛枪卫国，却在用心守护着脚下的每寸土地；她是绿色军营里走出来的爱心使者，是慈善路上心怀大善的朝圣者。她不仅播种善与爱，更收获善与爱，传扬善与爱；她不仅用自己的行动照亮了军营，更用自己的精神感染激励着周围的每一个人。“韩妈妈”用数十年的奉献告诉我们，只要有一颗慈善之心，只要有能力帮助别人，我们就应该行动。（文聿明）

网友点赞

上海网友：“好妈妈”韩瑞芬，情系军营，她真正从心出发，用心守护，才获得了我们的敬仰和热爱。

母爱无私　民族有情

人的嘴唇所能发出的最甜美的字眼，就是母亲；最美好的呼唤，就是“妈妈”。

——［美］纪伯伦

善良的母亲，伟大的母爱。维吾尔族母亲塞满汗收养了一个汉族脑瘫弃婴23年。在她心中，这个汉族孩子就是一朵美丽的“月亮花”。爱是超越民族的，爱心永恒，大爱无疆。

人性之爱，无民族之别，无文化之分，无地域之差。在新疆吐鲁番，60多岁的维吾尔族大妈塞满汗·达吾提，在艰难环境下含辛茹苦抚养汉族脑瘫弃婴23年。塞满汗悉心呵护这个捡来的汉族女婴，并积极为她治疗。为了这个素不相识的汉族孩子，塞满汗倾尽家财，努力与生活抗争。这23年来，尽管脑瘫弃婴没有叫过一声“妈妈”，但是塞满汗把全部的爱都无怨无悔地倾注在了孩子身上。在她心里，这个汉族女孩儿是最美的“月亮花”。

塞满汗是吐鲁番市亚尔乡人，30多年前她随丈夫从喀什搬来吐鲁番，并定居于此。1990年10月，塞满汗的邻居——一个维吾尔族老太太在乌鲁木齐的一个垃圾桶里捡到了一个女娃。老太太得了癌症不能照顾孩子，就对塞满汗说：“老板娘，你养吧！”塞满汗对丈夫说：“这是一条命啊，怎么能不管！”

塞满汗夫妇把孩子的生日定在1月15日，给孩子取名为吐尔逊古丽，即春节的意思，他们希望大家像喜欢春节那样喜欢她。

这对维吾尔族夫妇把最美好的祝福都给予了这个汉族女娃。但是他们万万没有想到，他们非但没有看到她走入大学、走向工作岗位、成为美丽的新娘，反而是一把屎一把尿地拉扯她20余年。

吐尔逊古丽到了该会坐会爬的月龄，塞满汗夫妇却发现她的身体很软，头直不起来。于是，塞满汗夫妇就带着孩子去乌鲁木齐二医院儿科做检查，医生诊断孩子为脑瘫，活不到7岁。这句话，毁灭了塞满汗夫妇心中所有的期望，他们看着怀里安静的女儿，心如刀割。一些人出于善意，劝说他们不要养吐尔逊古丽了，塞满汗夫妇却说，只要他们有一口气，就要把孩子养活下来。

塞满汗夫妇咽下眼泪，收拾好碎了的心，开始了漫长的求医之路。他们四处打听治疗脑瘫的医院，向南，他们去了巴州和静，在那儿住了半年；向西，他们去了伊犁两次；向东，他们去了郑州数次；向北，他们计划去黑龙江的一家医院，但是因为医药费等问题，最后未能成行……

塞满汗夫妇每次都怀着希望而去，带着失望而归。就这样，夫妇俩东奔西跑了十三四年，路途的艰辛、语言的障碍、数年的劳苦奔波几乎拖垮了他们的身体。

2005年，塞满汗的丈夫被检查出肝脏、心脏、腰椎、肾脏都有病，塞满汗大妈也是疾病缠身。20世纪90年代他们还是小康之家，每月有700元左右的房租收入，还有一亩半的土地，每年种豆角、黄瓜等蔬菜也有五六千元的收入，而现在却是负债累累。2005年，他们把地包了出去，2009年，他们把半个院子卖了。为了给孩子治病，他们不仅倾尽家财，还欠债数万。2010年，塞满汗的丈夫因病永远地离开了这个家。

为了吐尔逊古丽，塞满汗可谓是“家破人亡”，可是吐尔逊古丽的病却没有丝毫好转。

23年来，塞满汗的生活里只有照顾吐尔逊古丽这一件事。塞满汗每天按时喂吐尔逊古丽吃饭，为了保持孩子清洁，塞满汗每天都会给吐尔逊古丽换数次尿布、衣服。吐尔逊古丽不舒服的时候，塞满汗就先把饭放进自己的嘴里嚼，再用手一点儿一点儿地喂给吐尔逊古丽。夏天，她把吐尔逊古丽抱到外面吹凉风，冬天就把孩子放在炕上取暖。

每年1月15日，塞满汗夫妇会放下一切为吐尔逊古丽过隆重而温馨的生日，她说这一天是孩子的“受难日”，因为她一生下来就生了重病被遗弃。塞满汗的丈夫在世时，他们会买上鸡、鱼、羊肉，做满满一桌子菜，请邻居们一起庆祝孩子生日，为她祈福。

冬去春来，草长莺飞，塞满汗和吐尔逊古丽朝夕相处23年。

塞满汗从未嫌弃过孩子，她说：“这是自己的娃娃，如果嫌弃，只能怪自己没有把娃娃照顾好。要是吐尔逊古丽健康的话，她根本不会躺在床上，孩子也是没有办法。”

虽然囊中羞涩，但是只要看到好看的衣服，她都会买给吐尔逊古丽。塞满汗给女儿梳漂亮的辫子，穿新衣服，并说：“丫头，你太漂亮了，我带你去街上买衣服吧！”或者会说：“你谈男朋友了吗？什么时候来看我啊？”

2013年6月15日晚上，塞满汗边收拾东西边时不时地看看躺在凉席上的吐尔逊古丽，吐尔逊古丽一反常态地用眼睛直直地看着她。当时，她也没有多想，就又去忙别的了。深夜12点左右，塞满汗去帮吐尔逊古丽翻身，一摸她，浑身凉凉的，不管怎么呼叫，她都毫无反应。她像一个婴儿一样，安静地睡过去了。塞满汗按照维吾尔族的葬礼仪式，埋葬了吐尔逊古丽。自从那之后，塞满汗整个人好像被掏空了。回味过去的20多年，一路坎坷却虽苦犹甜。因为她在用心做一个母亲，她在用爱来抚养孩子，她在用命为她遮风挡雨。塞满汗说："丫头虽然走了，却永远在我心里，她就是我的女儿。"

维吾尔族塞满汗妈妈始终如一对待汉族脑瘫弃婴23年，这个辛酸又温情的故事也感动了社会各界。在新疆这片广袤的土地上，越来越多的热心人关注着塞满汗大妈。帮大妈还债的"80后"汉族女研究生张倩倩就是其中一位。

张倩倩毕业于湖南师范大学，2011年7月参加了"大学生志愿服务西部计划"，服务于吐鲁番市人民检察院。2012年底，她在基层走访时认识了塞满汗一家，便开始帮助这位好妈妈。不管是平时还是逢年过节，她都会带上大米、清油等生活用品看望塞满汗，渐渐地，她们之间建立了深厚的母女情。塞满汗把张倩倩当自己的女儿看，而张倩倩也总是亲热地叫塞满汗"阿帕"（维吾尔语，意为妈妈）。

2013年10月，当张倩倩领到了补发的4个月工资时，立刻给塞满汗打去电话，要把钱汇给她还债。虽然塞满

汗大妈拒绝了张倩倩的汇款，但有越来越多的人像张倩倩一样，前来关心和帮助塞满汗大妈。张倩倩说：“只要用心用情，爱会跨越民族的！前行的路上不是我一个人，而是一群人。”

好人365 编辑感言

“人性之爱，无民族之别，无文化之分，无地域之差。”这句话，是六旬老人塞满汗·达吾提大妈朴素的人生信条。为了这句话，她23年如一日抚养汉族脑瘫弃婴，用实际行动诠释了民族团结和爱的真谛。她的勇气、毅力和沉甸甸的爱也感染着我们每一个人。《爱我中华》歌词里说：“五十六个星座，五十六枝花，五十六族兄弟姐妹是一家。”关爱与亲情不分民族，我们坚信，还将有更多的人会继续谱写这份民族之爱、大善之情。（文聿明）

好人365 网友点赞

北京网友：爱，跨越民族界限。“好妈妈”塞满汗·达吾提23年抚养汉族脑瘫弃婴，谱写了民族团结佳话。

河南网友：这位慈祥的老人，用坚持和无私抒写着人世间最美好、最伟大的母爱；在步履蹒跚之间，生动诠释着中华民族的传统美德。

『切糕王子』阿迪力

在人的一生中，童年、少年、青年时代，虽然比较稚嫩，但它是生气勃勃的，譬如一棵小树，沐浴着阳光雨露，经历了严冬的冰雪，蓬勃生长，枝叶繁重繁茂，挺然而立，成为栋梁之材。

——臧克家

头戴维吾尔族小花帽、留着八字胡的小伙儿阿迪力来自新疆切糕世家，他通过自己的努力，实现了从事“甜蜜”事业的梦想，更被人亲切地称为“切糕王子”。云南地震时，他为灾区送去了价值50万元的切糕，他用火一般的热情铺就了自己的创业之路，更用凡人的善举为新疆切糕正名。

阿迪力·买买提吐热是个“90后”小伙儿，老家在新疆喀什地区莎车县。阿迪力的父母共养育了6个孩子，他排行老四。阿迪力的家庭比较贫困，他说自己年幼时，父亲经常会牵着毛驴，驮上玛仁糖去赶集，以此换取他们兄弟姐妹的生活费用。父亲就是这样用一车车的玛仁糖将孩子们养大。玛仁糖是一种新疆维吾尔族民众采用传统工艺，选用核桃仁、葡萄干等原料熬制而成的民族特色食品。因出售时一般用刀从大块玛仁糖上切下小块，因此又被称作“切糕”。

阿迪力下定决心要努力读书，用知识改变自己、改变家庭的未来。勤奋的他不负众望，在2010年考入长沙理工大学，从祖国的最西边，来到祖国的南方。

刚来到长沙读大学，阿迪力还有点儿不适应，在老师和同学们的帮助下，情况有了好转。生活困难时，汉族同学们借钱借物，毫不迟疑；身体生病时，同学们护送他到医院看病；节假日，也有同学陪他去清真餐厅就餐。很快，阿迪力就和同学们打成一片，成为无话不说的好伙伴。

2012年9月的一次寝室“夜谈会”上，阿迪力与室友蒋金亚谈及自己创业的想法——做正宗的新疆切糕在网上出售。两人可谓一拍即合，不久后另一名同学蒋春杨加盟，依靠几万元钱起家的“买买提切糕店”正式亮相淘宝网。阿迪力说，为了让大家品尝到正宗切糕，他决定自己动手制作。

当阿迪力的电话打回家乡，希望父母能帮忙快递核桃仁、葡萄干时，阿迪力的父亲简直不敢相信自己的耳朵：上大学的儿子要去卖玛仁糖？“当时我父母都不同意，他们希望我好好学习。”阿迪力说。因为深知卖玛仁糖既辛苦又不赚钱，父亲不想让孩子再从事这个行业。但经过一整天的劝说，阿迪力最终说服了父母，随着原料供应问题的解决，他们正式走上了创业之路。

创业之初，囿于资金的压力，三人将“厂房”租在学校附近，“加工、包装、发货都在一间房内，非常拥挤。”“蒋金亚之前就有过开淘宝店的经验，蒋春杨学的是艺术设计，这样一来，我们三人分工明确，我负责做切糕，他俩一人联系销售，另一人负责包装及网页设计，各有分工。”阿迪力说。对于一边求学一边创业的“三人组”来说，他们只能白天上课，晚上做切糕，时常一忙就是一个通宵。不过，场地面积与人手限制了网店的发展。

一年多时间里，他们的切糕生意一直不温不火，甚至还曾跌入低谷。“2013年8月，有两周时间，每天就卖几十元，几乎连饭都吃不起了。”阿迪力说，大家绞尽脑汁去营销，才挺了过来。

在艰难的创业征程中，来自身边的朋友们给了他们最有力的支持：同学们给他们打包，填写订单；学校创业园针对他们的实际情况，为他们提供了免费场地，并委派专门老师悉心指导。

2014年5月初，热播的电视美食节目《舌尖上的中国Ⅱ》介绍了新疆切糕，阿迪力的切糕网店销量突然迎来了春天。看着不断增加的订单，他们高兴之余却又忧心忡忡。原来，他们生产切糕租的

是民宅，场地狭窄，导致产量低、出货慢，长此以往必将影响自身信誉。

妙盛企业孵化港的项目负责人彭宇杰在网上看到阿迪力的切糕网店销售火爆但场地受限的消息后，就牵线搭桥，使阿迪力的切糕店入驻宁乡经济开发区妙盛工业园。公司成立之初，生产资金异常紧张，宁乡经开区管委会主任得知情况后，亲自到阿迪力的公司了解情况，当场拍板为其特批50万元贷款。

阿迪力的创业之路终于步入正轨。“现在每天的生产量达到了3000斤。”阿迪力介绍，搬到新厂房之后，采用了机械化和手工制作相结合的工艺流程，公司员工也增加到了80多人。他还解释说，采用新工艺并不会影响口感，葡萄、核桃、杏仁等原材料的选择非常仔细，糖的浓度也严格遵循配方。

"没有大家的支持，我们走不到今天。"公司的迅速成长，得到了政府、学校、媒体的支持，阿迪力对此无比感激。

2014年8月，云南省昭通市鲁甸县发生6.5级地震。阿迪力从电视中看到震区灾情严重，有了捐赠切糕的念头。8月4日一上班，阿迪力就召集全体员工开会，提议向灾区捐5吨切糕，得到了全公司的一致赞同。

此时，公司库存的切糕只有2.5吨，阿迪力立即组织全体员工一起加班加点，组装包装盒，整齐地装好切糕，用胶带打包，贴上"赈灾物资"标签……8月5日，在生产车间里，患上重感冒却拔掉输液针管的阿迪力，带着几十名员工紧急包装、运输切糕，奋战了10个小时后，终于将1400多箱、共计5吨切糕全部打包装进快递车。没有丝毫歇息，略显疲惫的阿迪力立即带着整车切糕，赶赴云南地震灾区。护送切糕去灾区的路并不如想象中顺利。"原本以为8月6日晚8点能到鲁甸，结果货车师傅走错了路，还碰上了余震、交通管制等。"

8月7日，阿迪力载着万斤切糕，长途奔波1200多公里抵达鲁甸县龙头山镇地震灾区，终于把一块块切糕递到了灾区百姓的手中。阿迪力说："这些切糕是用核桃仁、花生、葡萄干做的，撕开真空包装就可以吃。切糕属于干粮，热量高、营养足，现在灾区的受灾群众最需要这样的食物。"

他在微博上写道："有时候，能够表达出来的言语，通常都不是重要的，灾区种种的苦难与故事，我无法也不忍一一陈述；灾民所承担的困苦，我也无法一一帮助他们脱卸；有很多比我更辛苦的人正在忙碌，有很多同胞需要帮助，这些才是最重要的。”

从鲁甸灾区归来，“切糕王子”阿迪力为更多人所知，面对蜂拥而至的媒体，他说：“我现在有一个小小的梦想，就是做一家有公益心的企业，同时也带动周围的朋友和公司，把爱心传递下去。”

编辑感言

在贵州靠卖羊肉串为生的新疆维吾尔族大叔阿里木，8年捐助百名贫困学子，被誉为“烤羊肉串的慈善家”；阿迪力亲赴云南鲁甸灾区，带去重达5吨的切糕，被亲切称作“切糕王子”。他们就和你我一样，是坚信靠劳动才能致富的普通人，是心存善念、乐善好施的好人，是危急时刻敢于出手的身边英雄，还是可贵的“维汉一家亲”的代言人。（王　钰）

网友点赞

四川网友：阿迪力和他的团队，体现了“维汉一家亲”的民族情谊。

『华佗爷爷』刘永生

进则救世，退则救民；不能为良相，亦当为良医。

——张仲景

17岁当了村医，一干就是39年，从一个初出茅庐的小伙子，到成为名满四方的“华佗爷爷”。为了医术精益求精，他在自己身上试针，亲自品尝中草药；他自己掏钱为困难群众看病，从不计较诊费。他就是视患者为亲人、甘当村民“守护神”的陕西潼关好村医刘永生。

刘永生是陕西省潼关县秦东镇荒移村的乡村医生，他也许算不得专家，也称不上名医，但在当地村民心中，他就是医术最高、心地最善良的医生。在39年的行医生涯中，他救死扶伤、淡泊名利，用满腔真情守护着一方百姓的生命健康。

1976年的春天，17岁的刘永生刚当上乡村医生，当地流行起了麻疹病，他配了板蓝根、鱼腥草、柴胡、金银花等熬成汤，救治了不少孩子。刚从医的他就让乡亲们刮目相看，赢得了大家的信任。“永生看过的医书不知有多少本，多年下来，光笔记就70多册，为了练习针灸手感，他直接在自己身上扎。”刘永生的妻子王榜花说。

“没有受过正规医学教育是我最大的遗憾。”对于立志当一名好医生的刘永生来说，他无比羡慕那些医学专业的科班生。为了缩小差距，刘永生先后20多次自费参加全国各地知名专家、教授举办的特色医疗技术培训班。经过几十年的博采众长，刘永生逐渐形成了自己独特的中西医结合医疗特色，成为一名“全科大夫”。如今，针灸、拔罐、火针、按摩，还有刺血疗法、敲击疗法、松筋疗法、透皮疗法等，都是他的拿手技艺。

65岁的张大爷患风湿病多年，已严重到双臂无法抬起。刘永生检查后，在他的肩部用银针扎一下，再用火罐拔一刻钟，手臂就可抬过头。整个疗程不到20分钟，见效快，花费少。

下汾井一位村民，6年前因脑梗突然晕倒失去意识，医院诊断说已无治疗必要。回来后，家人抱着试一试的态度找到刘永生。刘永生给他打针、按摩、针灸，慢慢地病人手脚能动了，能坐了，也能吃饭和说话了，生活基本能自理。

可以说，不管什么常见病，只要到了刘永生这里，他总能找到一些独特的办法救治，有一些被医院判了“死刑”的人他都救活，因此，村民们送他外号“华佗爷爷”。

如今，刘永生的医术可谓远近闻名，周边毗邻的山西、河南的病人都慕名而来。

刘永生治病救人从不计报酬。在他的卫生室，没有不必要的检查，没有昂贵的药品，他往往采用中医的传统疗法，疗效好、花费少，对于家庭贫困的患者，他都免费治疗。“针灸、火罐这些都是手艺活儿，没什么成本，要啥钱嘛。”

先看病后收钱，甚至看了病不收钱，近40年来刘永生一直如此。遇到重大病情，他积极帮病人联系各大医院，亲自陪护、跑前跑后，还经常为困难患者垫付医药费。他先后垫付医院的治疗费用数万元，群众欠他的医疗费用更是难以计数。面对困难患者，刘永生总会安慰道：“乡里乡亲，在这儿不要谈钱。”

10年前，村民刘转玲的儿子突然肚子疼得直打滚儿，刘永生诊断为急性阑尾炎，必须马上送医院。刘转玲吓得手足无措只知道哭：“家里哪有钱上医院呀……”刘永生安慰道：“救娃要紧，我有钱，赶紧走。”

刘转玲清晰地记得，那晚暴雨倾盆，刘永生跑前跑后张罗联系，费尽周折把孩子送到县中医院，将孩子救了下来。“当时住院做手术差不多花了2000块钱，到现在都没给刘大夫还上。”

类似的事情还有很多。20多年前的夏天，怀孕7个多月的村民马小女突然大出血，刘永生诊断为前置胎盘，有生命危险。刘永生抱起她就往外跑，边跑边喊着叫车救人。看着病人出血越来越多，刘永生情急之下不顾危险拦住一辆过路的拉煤车，司机说啥也不拉。刘永生喊道：“你今天非拉不可，不然就从我身上碾过去。”司机被刘永生的举动震住了，立即将他们送往医院。

在刘永生日记本的扉页上，写着这样一句话：“有时治愈，常常帮助，总是安慰。”这是美国医学大师特鲁多的名言，教导医生除了治疗病痛外，更重要的是帮助、安慰病人。

荒移村住两层楼房的人家屈指可数，谢双喜家就是其中之一。

谢家每个房间都整理得干净利落，电视、空调等电器一应俱全。可谁知，29年前，这一家还过着艰难的生活。

那年冬天，谢双喜兄弟三人自制爆竹爆炸，导致老大手残废，老三双目失明，老二谢双喜虽然幸运躲过一劫，但这一重大变故让谢家陷入了绝境。

看着这样一家人，刘永生心中难受。他主动上门给老大看病，带老三到西安、郑州治眼睛，所有看病费用都是他自掏腰包。为了让他们有一个正当的生活来源，刘永生帮他们承包果园、滩地，改善生活。

到了谢双喜该说对象的年龄，刘永生就四处保媒，可姑娘到谢家一看，连一间像样的房子都没有，又死活不愿意了。

刘永生急得团团转，决定把自家房子让给谢双喜成家用。好多人劝他不要冲动，妻子知道后更是坚决不同意，并不惜以离婚相要挟。看着谢家一大家子人困苦的境况，刘永生最终还是好生劝慰说服妻子，把凝结着自己辛劳和汗水的二层楼房让给了谢家，同时拿出2000元彩礼钱，帮谢双喜成了家，自己则带着妻儿住进卫生室。

这，就是刘永生，就像他的名字一样，永远为患者、为乡亲们创造生的希望！

从小生长在这片土地上，又几乎走遍了家家户户治病救人，谁家有困难，刘永生心里再清楚不过了。一下大雨，他就跑到房子不好的人家里，看看是不是漏雨；逢年过节，他买些米面油等日用品送到困难户家里；给留守老人看完病，挽起袖子就和面做饭，做好端到老人手里；出诊时，听到病人家孩子说想吃香蕉，家里困难舍不得买，他立即买好送过去……

荒移村老支书张根兔说：“这么多年，永生救治的病人数也数不清，帮过的乡亲说也说不完，他永远把可怜人放在心上！”

刘永生现在最大的愿望就是继续研习医学，精进医术，同时带好儿子，让他早日能够独当一面。

看到他如此奔忙，一年到头却挣不了几个钱，有不少人劝刘永生搬到县城开诊所：“凭着你的医术和名望生意一定火爆。”结果被他婉言谢绝：“家乡就是我的根，是我人生的舞台。”

一晃几十年过去了，他从毛头小伙儿变成了两个孩子的爷爷。年龄虽增，乐观豁达还是他的性格；岁月在移，乡亲健康仍是他最深的牵挂。他在日记里深情地写道：为了百姓健康，我愿辛劳奔忙。出诊的路上，任凭黄土飞扬，满身汗味，如花芳香。救死扶伤，信念歌唱。钟情于暖春，痴迷在炽夏，欢歌于深秋，曼舞在雪冬。为了百姓健康，我愿守候在村庄。

好人365 编辑感言

乡村医生是一个很平凡、很清苦的职业。可刘永生常说：“家乡就是我的根，卫生所就是我的舞台，乡亲们需要我，我也离不开乡亲们……”这句“乡亲们需要我”，是刘永生坚守乡村医生工作近40年

的动力源泉，他也用自己的实际行动赢得了群众对他的感恩、尊敬和爱戴。（孙　茜）

网友点赞

湖南网友：刘永生用自己的行动阐释了为人医者的真谛，弘扬了正能量。

河北网友：医者父母心，他用对乡亲们无私的爱感动着每一个人。

写邮件　草稿箱　已发送

收件人　haoren365@wenming.cn

主　题　心语

发　送

正　文

中国文明网
www.wenming.cn

矿山深处的『活雷锋』

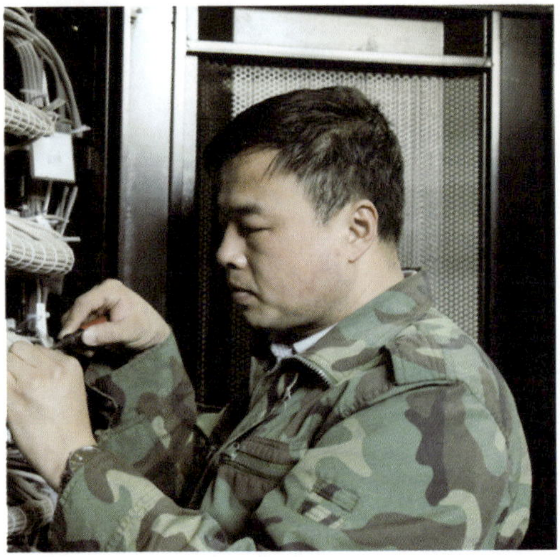

我要做一个有利于人民、有利于国家的人。如果说这是傻子，那我是甘愿做这样的傻子的。革命需要这样的傻子，建设也需要这样的傻子。我就是长着一个心眼儿，我一心向着党，向着社会主义，向着共产主义。

——雷　锋

王峰是一名普通的维修工，家中7口人中有5人患病，所有开支、药费仅靠自己的工资和父亲的退休金。多年来，这个给自己看病花钱都心疼的人，却悄悄认下了30多门“穷亲戚”。在别人眼中，王峰是个带着“傻劲儿”的人，但他却带动几十个人跟他一起传播爱心，他被大家亲切地称为矿山深处的“活雷锋”。

在石嘴山神华宁夏煤业集团汝箕沟煤矿的孤老病残者家中，都留有一张特殊的名片，名片左上角印有一面鲜红的党旗，背面有两行红字："全心全意为人民服务""感恩中国共产党"。名片的主人就是被大家亲切称为"活雷锋"的汝箕沟煤矿的普通党员王峰。他1999年退伍后来到矿山，先后在采煤队、保卫科、信息办工作。多年来，这个给自己看病花钱都心疼的年轻人，悄悄认下了30多门"穷亲戚"，在这些"穷亲戚"们的口中，我们听到了一个个关于王峰的感人故事。

王峰家中有7口人，却有5个病号：女儿患有脑灰质异位症，10岁孩子的智力只相当于四五岁的孩童，经常毫无预兆地晕倒；父亲有糖尿病和心脏病，需要长期服用药物；母亲患有高血压、心肌缺损，需要终身服药；哥哥因受过伤导致严重癫痫；王峰自己也患有心脏病、高血压、颈椎间盘退化突出等多种疾病，每天都要吃药。这个平时不抽烟、不喝酒，自己吃药花钱都心疼的男人，为别人花起钱来却一点儿都不心疼，经常拿出钱去帮助别人。王峰的工资不高，每个月2500元左右，妻子2013年才开始在居委会工作，月收入只有1000多元。一家老小要生活，还要看病吃药，但他经常挂在嘴上的一句话是："只要我有的，我都愿意拿出来帮助更有需要的人。"几年来，王峰认的"穷亲戚"中有孤寡老人、残疾人和困难户。

路国志是王峰认的"亲戚"之一，说起认亲戚的过程，还得追溯到4年前的一天。那天，王峰开车从贺兰县返回汝箕沟，路过平罗县姚伏镇时遇见两位老人拦车，王峰将车停下来，免费将老两口儿送到了沙湖。路上，老人说起他们家对门有个叫路国志的老人特别可怜，王峰便记下了老人的地址。一个周末，王峰找到路国志老人的家里。第一次走进路国志家，腥臭的味道差点儿让王峰当场呕吐，黑乎乎的土炕上躺着一个干瘦的老人，两只眼睛几乎失明，两条腿已经不能行走，脸上满是灰尘。老人的大儿子因犯罪入狱，小儿子智障，老伴儿几年前去世。王峰在老人家坐了一会儿，起身到镇上为老人买来香油、桃酥、饼子、茶叶、白砂糖和一双布鞋。回去后，王峰一边给老人穿新鞋一边问老人合不合脚，老人流着热泪说："合适呢，合适呢。"临别时，王峰找来一块碎砖头，在小屋的墙上刻下了自己的手机号码，他告诉老人，如果有事情就给他打电话。从此，王峰经常接到老人用不同号码打来的电话。谁到老人家去，他总会拉着人给王峰打个电话。而王峰每周也都要去老人家里看看，给他洗洗衣服，换换床单，老人打心眼儿里喜欢这个好心的小伙子。一个冬天的黄昏，老人把憋在心里的话说给王峰："你要是不嫌弃我这个糟老头子，就给我当个儿子吧。"王峰一把握住老人的手："咋不行，以后我就是您儿子。"

2012年，王峰将积攒多年的5万元存款买了辆8座面包车，车后特别贴上了"王峰义务帮扶"的字样。有了这辆车，他串起"亲戚"来就更方便了。只要休息，王峰便开上"爱心面的"，拉上几袋子矿上职工捐赠的衣物，开始串"亲戚"。

陶冰峰也是王峰帮扶过的“亲人”之一。2011年，陶冰峰因车祸致瘫，只有80岁的老母亲陪在身边照顾，病退后陶冰峰的工资很少，又常年离不开药，钱总是不够花。得知情况后，王峰上门看望陶冰峰。到了陶家，王峰发现院子里晒着很多干馍馍，好多是半个儿的，有的上面还有牙印子。原来这些馍馍竟然是陶冰峰捡废品时顺便从垃圾堆里捡回来的，家里实在没东西吃的时候就拿来煮着吃。王峰心里特别不是滋味，他斩钉截铁地告诉陶冰峰：“兄弟，你现在认识我了，以后再也不会吃这些东西了。”此后，王峰将省下来的钱给陶冰峰当生活费，他还给陶冰峰耳背的老母亲申请了一副助听器，解决了老人听力障碍的问题。

张敏是一位生活困难的单身母亲，为了拉扯孩子，她年轻时在工地上搬砖、背灰，吃了很多苦，落下一身病，心脏还做过搭桥手术。

18岁的女儿在职业学校上学，很有绘画天赋却筹不到学费。王峰知道后，隔段时间就会给张敏家送米、面，还向社会发起了捐助倡议，希望每个月能给张敏正在读书的女儿凑上400元的生活费。

类似这样的事情，王峰自己也记不清做了多少。据王峰的同事回忆，有一年单位对困难党员进行慰问，王峰作为困难党员参加了座谈，在介绍情况时，他旁边一位职工的情况引起了王峰的注意。这个人叫王长河，得过脑溢血，他的孩子患有癫痫病，媳妇患有类风湿病，不能干活儿，家庭十分困难。散会后，王峰特意走到王长河身边，从单位给他的慰问金里抽出200元递给了王长河，王长河当下就愣住了，不敢相信一个陌生人会平白无故地给自己钱。王峰急忙解释道："我就是搞义务帮扶的，没别的意思，你别嫌少。"他还一再叮嘱王长河，有啥事随时给他打电话。

王峰如同一个强大的爱心磁场，在他的感召下，越来越多的爱心人士汇聚到一起。

汝箕沟煤矿成立了"王峰义务帮扶小组"，并建立了QQ群，从"小组"发展成了"队伍"，现在骨干成员已经有40多位。冯宁、王彩霞、马金宝、陈永旭是"王峰义务帮扶队"的骨干，空闲时，他们就经常碰头在一起商量帮扶的事。

今年27岁的冯宁，大学毕业后从陕西只身一人来到汝箕沟煤矿工作。王峰曾在西安当过兵，所以常常照顾这"半个老乡"，让冯宁在大山深处感受到了家的温暖。冯宁说："慢慢知道了王峰哥无私帮助别人，我很受感染，都是党员，我也要帮助别人。”她把王峰的事告诉父母后，冯妈妈也深受感动，非常支持孩子加入王峰的帮扶小组。

许多王峰曾帮扶过的人都在他的感染下加入了“王峰义务帮扶队”。马桂兰、金建龙夫妻俩都是残疾人，在王峰的帮助和带动下，都加入了帮扶队，他们高兴地说：“加入这支队伍之后，我们从原来等政府帮助、救济，转变到能主动帮助别人，我们找到了人生的价值和意义，也更加积极乐观了。”由于王峰常帮大伙儿跑民政、社区、残联等部门，这些地方也有不少人受到王峰的感染，加入了“王峰义务帮扶队”。短短两年间，“帮扶队”变成了“帮扶团”，已经壮大到近百人。为方便活动，王峰开通了微信群，时常在群上发起各种帮扶活动，大家捐衣捐物、出钱出力。王峰所在矿区的领导也对帮扶团给予了极大支持，为他们提供了专门的活动场所，王峰把它命名为“爱心小屋”。王峰的工友只要没事，就来到“爱心小屋”，帮着归置归置各处捐来的物品，帮着计划下一次的帮扶活动。王峰的家人也身体力行地支持他的义务帮扶工作，妻子李丽娟、妻子的舅妈王彩霞都是帮扶团的骨干力量。王彩霞说：“以前王峰在我眼里就是个‘傻子’，没想到有一天，我也会跟着他一起犯‘傻’。”

对于大家宣扬他的善行，王峰说：“其实，我只是个爱的传递者，更多的是这些幕后人的力量，大家的捐助，大家的爱心，汇聚成爱的力量。我只是在履行一名党员的职责，把党旗插到社会底层每个弱残群众的家中。”

编辑感言

王峰之所以坚持不懈做好事，一个十分重要的原因，在于他有一个正确的幸福观。有什么样的幸福观，就有什么样的人生追求、价值取舍、行为准则。“我这个人没别的爱好，就喜欢尽我所能去帮别人”，这便是王峰的人生态度。这在当下显得有些“另类”，但王峰不为所动的平常心，让他的“爱”多年来长久流淌。

只要我们每个人心中都点亮一盏爱心灯，只要我们每一双手都传递出温暖，爱的旋律就会在社会每个角落唱响。通过奉献和付出、通过爱心和善举，在帮助他人、温暖他人中，我们可以找到真正的快乐，实现内心的充实，获得人生的幸福。（胡　杨）

网友点赞

河南网友：认下了30多门“穷亲戚”的矿山深处的“活雷锋”，你的精神让人感动和敬佩，向你致敬！

内蒙古网友：他只是一个普通人，却过着不普通的生活，竭尽全力帮助需要帮助的人，把关怀和爱播撒到每个角落。

『五彩鹿』的『星妈』

这个社会尊重那些为它尽到责任的人。

——梁启超

从海外归国的全职太太，到3000多位“星星的孩子”的“妈妈”，55岁的“星妈”孙梦麟，凭着一颗爱心，义无反顾地投入到救治自闭症儿童的“五彩鹿”事业中去。

他们不是聋哑儿童，但其中大多数人对世界的声音充耳不闻，不知道如何与人交流；他们有明亮的眼睛，却很少与人对视。他们是自闭症患者，也被称为“星星的孩子”。早在2010年，全世界自闭症患者就达6700万人。

孙梦麟并非自闭症儿童的家长，她的儿子健康聪明。但是，11年来，她治疗和训练了3000余名自闭症儿童，她是当之无愧的3000多名自闭症儿童的“星妈”。

“自闭症儿童是非常有救助价值的，只要帮助他们进行康复训练，许多患儿将来可以独立生活、学习和工作。如果不帮助他们，他们大部分就会成为家庭和社会的负担。”孙梦麟说。

2004年，孙梦麟创办了五彩鹿儿童行为矫正中心。11年来，她致力于引进世界一流技术救治自闭症儿童，在国内自闭症领域独树一帜；11年来，她无偿资助了许多自闭症儿童，为许多自闭症儿童家长提供免费培训；11年来，她那一颗火热的心和真挚的微笑，深深地感染着身边的每一个人。在她的带动下，越来越多的人投身到自

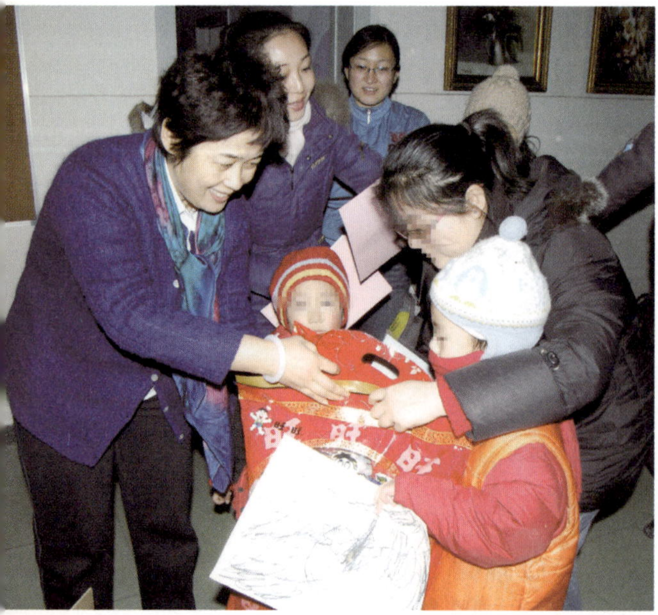

闭症康复的领域中。

2004年初，海外留学多年的孙梦麟受朋友之邀，参加了一个聚会。在聚会上她第一次接触到自闭症儿童，那些瞪着大大的眼睛、漂亮可爱的脸蛋儿上却毫无表情的孩子，让她震惊。

她进一步了解到，医生们面对这些被确诊的孩子束手无策，因为这是一种目前尚无有效医疗手段可以治愈的儿童期发育障碍。有多少心碎梦碎的家长，带着被贴上“自闭症”标签的孩子无处可去，求医无路，求助无门。看到这种情况，孙梦麟的心被深深地震撼了。她毅然决定：创办一所对自闭症孩子进行早期干预的机构，尽力帮助这些无助的家庭。

在没有资金支持、没有专业人员、没有训练技术、没有合适场地的情况下，孙梦麟开始了一步一个脚印的创业之路。

孙梦麟坦言，这之前她是一位全职太太。她顶着反对声，从全职太太变成全职公益人，大小事务都是自己操持。然而，创业刚迈开步，孙梦麟就傻眼了。以我国的医疗条件，很多机构对自闭症患者能说的只有“对不起，我们无能为力”。

“我不想再听‘无能为力’。一般的医生解决不了，我就找不一般的！”在公益这条路上，孙梦麟并不“低调”。

没有资金，孙梦麟就到处筹款，动员了所有的亲朋好友；没有训练老师，她就想方设法寻找特教、师范的毕业生和具有教师资质的社会工作者。当时，人们对于自闭症知之甚少。善于沟通的孙梦麟面对应聘者，总是滔滔不绝地讲述有关自闭症的知识、治疗的形势和那些家长、家庭的种种困境，用真情去打动每一个应聘者。北京市的房产寸土寸金，想找到一块合适的训练场地真是太难了。孙梦麟到处奔走，几乎踏遍了北京市和周边的所有区县，好多地方不是价格高得无法接受，就是地处偏远环境不宜。实在没有办法，就临时选择了地处官园的“中国少年儿童活动中心”，租用了一大一小两个房间用于训练。鹿，象征着自然和谐，她希望社会像五彩神鹿那样呵护着这些孤独的使者，希望孤独的孩子像小鹿一样欢乐雀跃，茁壮成长，于是“五彩鹿”诞生了。

“五彩鹿”刚成立就接纳了一大批自闭症孩子。很快，机构的场地和师资力量已经远远满足不了需求，大量的孩子在等待入园。

“越早干预效果越好，孩子不能等！”2005年，孙梦麟把机构搬到海淀区永丰中心小学，扩大了规模。可仅仅两年，教室又不够用了。2007年，她在顺义区找到了一个废旧小学。她四处借钱，对校舍进行了全面改造，装修了教学大楼，修建了一个1000平方米的训练大厅。“五彩鹿”终于拥有了一个设备齐全、环境宽敞优美的训练场地。

现在，“五彩鹿”已从最初的两间教室发展为今天的高碑店、安贞、天通苑、顺义四个校区，总面积5000平方米、可容纳400名学生同时训练的大型专业自闭症儿童早疗机构。

“其实我学的是法律，20多岁就出国了，我有自己的房子和车，可以舒适地生活，但我觉得自己应该为自闭症孩子出一份力。”回忆11年间的经历，孙梦麟觉得，从一开始的一腔热情变成如今拥有了更多的社会责任，她也完成了从全职太太到全职公益人的蜕变。

2005年，孙梦麟在北京参加了一个国际研讨会，来自全世界的著名自闭症研究专家参加研讨。孙梦麟给自己定了一个目标：一定要找到能够帮助中国自闭症孩子和家长的世界级专家，这是把“五彩鹿”做下去的前提条件。她听取了所有与会专家的研讨和专题报告，最后，她选择了来自以色列的艾德博士。

艾德博士在自闭症的早期干预领域工作了30多年，在大学里建立了自己的自闭症康复和研究中心。孙梦麟向艾德倾诉了她致力于自闭症儿童康复、渴求先进的科学技术、帮助弱势群体的心声，并邀请

艾德博士到“五彩鹿”考察。在“五彩鹿”，艾德博士被眼前的情景震撼了：他没有想到有这么多的自闭症儿童和家长需要帮助，又有这样一些人在如此困难的条件下顽强执着地做着这么艰难的事情。他被深深地感动了，毅然决定放弃本国的舒适生活和优厚待遇，到“五彩鹿”来。

艾德博士出任“五彩鹿”的技术总监，及时将国际上最先进、最有效的干预方法移植到“五彩鹿”的教学中来，并结合中国自闭症儿童和家长的具体情况，创建了一套行之有效的干预模式和方法。

“五彩鹿”无偿资助了许多自闭症儿童家庭，这一片真诚和爱心，时时温暖着那些在困苦中挣扎的家长们。

2008年春天的一个早晨，孙梦麟在“五彩鹿”顺义校区大门口遇到一对夫妻，他们正在吵架，中间站着一个瞪着大眼睛的小姑娘。一问才知道，小女孩儿叫妞妞，患有自闭症。爸爸妈妈带着孩子，正纠结着该不该训练，因为家里生活很困难。当时孙梦麟就说：“留下吧，我免费帮助你们。”

可妞妞的父母还是想要带她回家，因为他们连生活费都没有。

孙梦麟态度十分坚决：“留下来，我给你们想办法！”在一个500人参加的企业负责人培训班上，孙梦麟争取到了一分钟的发言时间。孙梦麟说：“我一定要走上去，为妞妞争取生活费！我要让在场的所有人都知道，有这样一个群体，非常需要大家的帮助。”一分钟的发言打动了现场的人们，大家当时就捐赠了1万多元钱。

当孙梦麟把捐款送到妞妞妈妈手中的时候，妞妞妈妈泣不成声。她激动地说："孙校长是我们全家的大恩人……"孙梦麟向在场的儿童家长说："在这里，我也想让大家知道，你们并不孤独！社会的各界人士与你们同在！我们与你们同在！'五彩鹿'和你们在一起！"

这样的例子还有很多。11年中，"五彩鹿"为特困自闭症儿童家庭减免训练费用30余万元。在孙梦麟的感召下，越来越多的志愿者在学校为自闭症儿童、家长提供帮助2000余人次。

"因为爱他们，我付出再多也值得，再多辛苦也不怕！"孙梦麟说。

好人365 编辑感言

"慈善不是钱，是心。"不懂这句话，也许就不懂孙梦麟为何能够坚持这么多年。她的生活原本与自闭症毫无关系，却甘愿放弃富足的生活，转而选择开辟一条全新而艰难的公益之路，这让很多人不解，却是孙梦麟无悔的选择。在这个世界上，还有很多像孙梦麟一样的人，他们抛弃安逸的生活，挑起一份责任，选择了一条艰辛的路。我们应该怀着感恩的心去尊重、理解并尽可能地支持他们的选择和坚守。她的公益心让我们动容，更让我们看到，每个人都拥有让世界更美好的力量，用自己的付出帮助别人推开一扇明亮的窗户，即使这样的光芒再微弱，也会带给人温暖与力量。（王　楠）

好人365 网友点赞

上海网友：“星妈”孙梦麟的精神将一直鼓舞着我，从心出发，拥抱世界、关爱世界。

安徽网友：她的善心和坚持，给孩子们带来了希望。

上海网友：放弃舒适的生活做公益，用自己的光芒为孩子驱走黑暗、带来温暖！伟大的母亲！

古镇文化『轻骑兵』

老骥伏枥，志在千里。烈士暮年，壮心不已。

——曹　操

在贵阳花溪，有一位老人总是活跃在农村的田间地头，活跃在社区的街头巷尾。他把文化带进大山，将银幕搬进青岩古镇，用双肩搭起流动电影院，为基层群众送去精神食粮。他就是饶昌东，在这里，他和他的老年电影放映队家喻户晓。

曾任贵州大学艺术学院电影部主任的饶昌东是贵州最早接触电影放映的一批人之一。退休后他回到了故乡花溪区青岩镇，结合自己从事电影工作40多年的专业优势，和几位退休老人一起成立了“德昌民老年电影队”，免费为群众放电影。十几年来，他们坚持自掏腰包为村民义务放映电影千余场，还成为当地诗书画的普及使者，被称为古镇文化“轻骑兵”。

早在20世纪五六十年代，饶昌东就加入了电影放映队，1966年，他曾和朋友率一支电影放映队从贵阳徒步放映到毛泽东的故乡韶山。这段经历给饶昌东留下了终生难忘的回忆。有一次，他刚放完一部战争题材的电影，正准备收银幕时，突然观众们蜂拥到了银幕下面，开始四处寻找。饶昌东好奇地问他们找什么，他们说在找电影里的子弹壳。那一刻，饶昌东心里五味杂陈，既好笑又难过。听说晚上要放电影，很多地方的村民大清早就去排队占位置，期望站在前面一点儿。他知道，电影对于这些村民意味着什么。

20世纪70年代，饶昌东进入了花溪电影院，在一次下乡放电影的时候，遇到了车祸，后来被送到医院诊断为三级腰椎骨折。饶昌东一心就想能快些好起来，但是辗转几个医院治疗均没有效果，他不能走路，只能瘫痪在床上。在医院里，他觉得不能浪费光阴，学会了维修电影放映机。通过努力锻炼，他奇迹般地站了起来。

康复并回到工作岗位上的饶昌东不断进修，提高自己的专业技能、丰富专业知识。后来，他还担任了贵州大学艺术学院电影部主任。

20世纪90年代初，青岩镇上修建了闭路电视管理站。随着闭路电视及录像厅的迅速普及，乡镇电影业受到一定冲击，后来电影院也因不景气而停业。群众已有十几年看不到电影了，但他们非常怀念传统电影。2002年，专业出身的饶昌东和几位老人一起，组建了青岩“德昌民老年电影队”下乡放电影。电影对他们那代人影响特别大，“一部老电影，一首老歌，影响人一辈子”，他们为电影队定下了义务下乡放电影的宗旨，更希望以此发挥余热，丰富山村人的精神文化生活。

电影队使用的第一台放映机，是他们自己动手修复的一台废旧机子。第一次放映电影是2002年的国庆节，在青岩广场。虽然放映的是老影片，但吸引了上千名观众，热闹非凡。很多人看了直感叹：“好多年没看过电影了，真过瘾！”

刚开始，他们放映的片子是租来的，后来电影公司知道了他们的情况后，不但不收取他们的租金，还打开片库让他们随意挑选影片，并送给了他们一台新的放映机。老人

们四处借车，拉着电影器材翻山越岭去各村寨巡回放电影。有时借不到车，他们就肩扛手提电影器材步行。见电影队无车，队员张翔老人便借来女婿的面包车给电影队使用。此后，他们经常深夜驾车颠簸在乡间小路上。家属朋友很为老人们担心，老人们总是笑盈盈地说："你们放心好了，我们为群众办好事，一定会平平安安的。"

话是那么说，但老人们还是经历了一些磨难。饶昌东记忆最深的是，有一次他们扛着两部放映机，兵分两路到修文县大石布依族乡的回水村和沙坝村放映。这两个村均是较偏僻的贫困村，村民们很难看到电影，他们早早地在场坝上等待。可是，回水村的电压不足，不能放映，老人们很是着急。当村干部找人接好电源后，已是晚上9点。可天公又不作美，突下小雨，村民们急忙帮老人们将放映机移至屋檐下，并为老人们打着伞继续放映。雨越下越大，村民们的衣服全湿透了，但仍兴致勃勃地将两部影片看完才离开。这一夜，饶昌东他们穿着湿衣服颠簸10多公里山路，直到凌晨2点才回到家。

下乡放电影的过程中经常会有意外发生，饶昌东带头签了"生死状"，和老人们一起承诺，在下乡放电影的过程中所有的意外均由自己负责。十几年来他们自掏经费，坚持为需要的人们送去宝贵的精神食粮，虽然异常辛苦，但始终无悔无怨。

电影队放映的电影，不仅有革命老片，还有科教片和有关禁毒的教育片。他们不仅在山村放映电影，还走进了驻地部队、走进了劳改农场。当年许多脍炙人口的老影片，如《地道战》《小兵张嘎》《英雄虎胆》等被送到了老百姓的面前，人们欢呼：“露天电影又回来了！”

除了电影，爱好书法字画的饶昌东想到用书画开辟文化下乡的新途径。

为了给家乡青岩古镇的当地群众提供一个文化交流学习的平台，2003年，饶昌东出资修葺了自家的旧宅，创办了“菊林书院”并任院长。从此这个书院成了当地传习诗词、楹联、书画等传统文化的基地。如今，社区居民、乡村农民纷纷自愿加入，“菊林书院”从当初的20多人发展到现在的近200人。

由于“菊林书院”在青岩景区附近，经常有游客来书院游玩。一

次，一位游客来到之后，写下“古有北麓今见菊林”八个字便悠然而去，饶昌东一看落款吓了一跳，这人竟然就是著名书法家程风子。在饶昌东等人的推动下，青岩成了全国有名的“诗乡”，“菊林书院”的这群老人也被人们誉为“文化轻骑兵”。很多专家学者看了青岩的文化墙，认为“菊林书院”的老人们让高高在上的诗书画接了地气。

每到逢年过节，饶昌东他们就免费为老百姓写楹联，还在现场编对联。饶昌东回忆：“我们这一群人，义务写春联已不止在古镇青岩，还写到花溪、久安、马玲、甲定、石门，写到了邻县惠水、高镇甚至剑河。”

饶昌东也有自己的“中国梦”。饶昌东说：“我们不仅要让自己老有所乐，老有所学，还要让更多的人与我们同乐、同学，这才是我们追求的幸福生活。”

编辑感言

看完饶老的故事，我的内心有感动、有慨叹、有钦佩。感动的是，他因公瘫痪在床，凭借自己的双手做有意义的事，凭借自己顽强的毅力重新站起来；慨叹的是，饶老为自掏腰包放电影还签了“生死状”，体现出了常人难以做到的牺牲精神；钦佩的是，这位老人不甘寂寞，老骥伏枥，志在千里，老有所为，一直为自己的“文化家乡梦”而不懈努力。这是一群努力让群众共享文化发展成果的可爱老人。他们以自己朴素的行动，展示了文化工作者的质朴追求和精神向往，也激励我们年轻的思想文化宣传工作者为传播社会主义核心价值观、实现文化强国和伟大的中国梦而不懈奋斗！（贺　宏）

好人365　网友点赞

宁夏网友：发挥余热，义务传播文化，饶昌东是文化志愿者的榜样！

福建网友：饶老点亮了大众文化生活。

公益路上的『老』志愿者

为世界进文明，为人类造幸福，以青春之我，创建青春之家庭，青春之国家，青春之民族，青春之人类，青春之地球，青春之宇宙，资以乐其无涯之生。

——李大钊

坚守一种理想——永远学雷锋，释放一片爱心，做无悔的志愿者。这就是“80后”志愿者王涛坚守的人生信条。他带领他的团队，哪里需要就出现在哪里，哪里有困难就把温暖送到哪里。

王涛来自一个普通家庭，33岁，生活的艰辛磨炼了他坚强的意志，更造就了他勤劳刻苦、积极乐观、拼搏向上的品性。上大学期间，他不仅担任校、院的社会实践部部长、学生会主席，更是一个热衷于社会公益活动的积极分子。

2006年，作为刚从象牙塔走出的“80后”，王涛原本可以选择一份待遇丰厚的工作，但他却带领着小伙伴们选择了大学生自主创业这条道路。作为一名大学毕业生，他用他的行动感染着周围的年轻人一同参与到各项公益事业中去。

王涛从高中时代起就参加各类志愿者活动，积极帮助藏区儿童，利用寒暑假勤工俭学的收入先后与7名玉树藏族儿童结对子，帮助他们完成学业。在大学期间，王涛曾组织开展“幸福格桑花”活动，帮助家境贫困的少数民族同学利用寒暑假勤工俭学。2006年，刚从学校毕业还在从事导游工作的他利用与游客沟通的平台，募集到200套桌椅，通过共青团西宁市委捐赠给湟源县和平学区；2007年，他自筹经费组织湟源县百名优秀学生及农民子女“快乐西宁行一日游”活动。

近年来，随着自然灾害及游客户外意外事故的频发，王涛随即发起组建了蓝天救援队并出任队长。对于一个刚成立的队伍，没有资金，没有技术，没有设备，没有信誉，一切都是空白。他自筹经费让志愿者去北京国家救援基地学习救援知识；聘请专家来西宁为志愿者授课；为提高救援队的救援能力，他又出资购买专业救援设备。通过一次次的搜寻任务、救援活动、赛事保障、医疗保障、公益培训等活动，蓝天救援队成为西宁地区一支具有特色的公益团队。蓝天救援队自成立以来，组织户外急救安全知识公益培训1343人次，救助病重儿童7人，协助找寻失踪人员13人，车祸救援7人，国内灾害救援7次，赛事公益医疗安全保障12次，社区志愿者服务工作21次。这些数据的背后，有一个强大的信念支撑着王涛与他的队员一路坚持走过来，那就是青年人对社会的责任。

蓝天救援队从组建至今，王涛和队员们凭着满腔的爱心与专业的技能，自愿自费参加了国内各种大的自然灾害救援行动——青海玉树、甘肃岷县、四川雅安、甘肃定西、云南鲁甸、云南普洱……有灾情的地方就有他们的身影。2010年4月，王涛获知青海省玉树藏族自治州发生地震后，当即放下手头的工作，投入到抗震救灾工作中。王涛与他的公益团队作为第一时间抵达玉树灾区的民间救援队，成功搜

救生还者12人、救治受灾群众1165人、转运伤员25人，为灾区架设了第一个通信中继站，为救灾做好通信保障工作。

曾经有人好奇地问王涛，你们的救援真的是无偿的吗？王涛笑着回答，我们是志愿者，我们是一群热爱生活、追逐梦想的年轻人，免费为社会服务，为需要帮助的人服务，才是志愿者的精神。

2014年，云南鲁甸发生地震，王涛再一次与他的团队赶往灾区。这次的任务是失踪者搜寻及遗体处理。面对队员们的畏惧和退缩，王涛说："假如这是我们的亲人呢，当我们的亲人的遗体还没有找到时，大家还能无动于衷吗？"作为西北汉子的他毅然穿上防护服开始搜寻，践行他作为志愿者的义务与责任。他的行为感染了整个团队，此后没有一人因为高温、恐惧而后退，大家一直坚守在灾区一线志愿者工作中。

通过这些志愿行动，王涛明白，一个人的价值是多么巨大，一个人的影响是多么广泛。我们常说"星星之火，可以燎原"，而他就是一个火种，要带动更多的人参与到社会文明发展的建设中去，为实现伟大的中国梦添砖加瓦。

好人365 编辑感言

王涛，"80后"救援队长，义务救援，青春无悔，无私奉献自己宝贵的时间和精力。为了帮助他人，为了播撒一颗颗爱心的种子，王涛不遗余力地工作着，奉献着！关爱他人，快乐自己！王涛用行动向青年人倡导了这样一种健康的生活方式。让我们一起参加到志愿服务活动中来，奉献爱心，提升自己！（杨学静）

网友点赞

湖南网友：志愿者在行动，让世界充满爱。

上海静安咸松饼：希望越来越多的年轻人参与到志愿者活动中来。

扫雪扫出『妈』

人家帮我，永志不忘；我帮人家，莫记心上。

——华罗庚

他在日记中写道：“雷锋精神，人人可学；奉献爱心，处处可为。”他是这样写的，也是这样做的。他就是赵士庆，一个平凡的人。他做了很多好事，甚至在扫雪时扫出了一个“妈”，热心照顾老人多年。有人说他是“傻子”，自讨苦吃，他却以“傻子精神”明志，甘愿做一辈子这样的“傻子”。

今年47岁的赵士庆有很多“头衔”，他是沈阳晨光保洁服务有限公司党支部书记、沈阳市精神文明建设宣讲团副团长，他还是沈阳市劳动模范、沈阳市优秀志愿者、沈阳市学雷锋先进个人。多年来，他坚持助人为乐，在工作岗位上，也始终如一地辛苦奉献着。很多人觉得他“傻”，他自己全不在意，愿当一辈子这样的“傻子”。

赵士庆出生于一个军人家庭，刚满5个月，母亲就因病去世了。父亲工作很忙也无暇照顾他，幼小的他就被送到葫芦岛乡下姥姥家。姥姥年纪大了，还要照顾另外几个孩子，精力根本不够用。父老乡亲们看到他们家老的老、小的小，就经常来家里帮忙。“有时候是帮着搬点儿重物，有时候是帮着照看我们几个小孩儿，邻居们都很热心。”赵士庆说。这些事，让从小失去母亲的赵士庆感到温暖，潜移默化地培养了他正直与善良的品性。

2005年，36岁的赵士庆辞去了省委机关事业单位的公职，创建

了沈阳晨光保洁服务有限公司。公司定位是综合性服务的保洁单位。创业之初是极其辛苦的，他带着“晨光人”一户一户地登门承揽业务，扎扎实实地完成每一笔不起眼儿的订单，为公司赢得了美誉和越来越多的顾

客，公司迅速从几个人扩展到几十人。赵士庆公司的员工基本上都是下岗再就业职工和进城务工的农民工，他与员工们一起奋战在抗击特大暴风雪的第一线达三天三夜、一起在奥运会足球场馆进行保洁工作长达半个月没有休息、一起奋战在急难险重的外墙清洁的现场……他们用勤劳和坚持赢得了市场，也赢得了人们的尊重。

2006年冬天，沈阳下了好几场大雪。一次大雪过后，在晨光公司承包的市政府附近的除雪作业面上，赵士庆仍像往常一样和员工们一起扫雪。一位坐在台阶上休息的老大娘一直观察着他极其认真的扫雪过程，不由得心生好感，就对他说："小伙子，你真不错，角角落落都扫得这么干净，你是哪个单位的？"就这样，一老一少就攀谈起来了。原来这位老人叫姚志贤，是一位热心社会公益事业的"民情联络员"，她正好在市政府相关部门办完事，归途中与赵士庆偶遇。随后，相谈甚欢的两个人互留了电话，随后就各自忙去了。却没想到，两个陌生人从此结缘。

2007年，姚志贤老人得了脑血栓。赵士庆得知老人生病后，前去探望。他看到老人经济条件不好，儿女又不在身边，没人照顾，就经常来到老人家里陪老人聊天，收拾房间，一做就是8年。姚大娘告诉记者："这孩子端午节给我送粽子、中秋节送月饼、过春节送饺子，平常每次来都给我买药、买吃的，还买来速冻饺子给我放到冰箱里，我爱吃啥就给买啥，别提让我多感动了！"老人说完激动得直抹眼泪。得病的头两年，老人不能起床，赵士庆到处打听疗效好的药品，买来给老人吃，现在老人已经能借助手杖慢慢下地走动了。

记者看到，4盒药161元是一个月的药量。这药老人长年不能断，加上给老人看病的钱，总共花了多少钱，赵士庆自己也说不清了。赵士庆十分细心，他看老人家里缺什么了就买来，就连电热水壶都是赵士庆买的。有一次，老人的电话怎么也打不通，赵士庆怕老人出意外，急忙赶到老人家里。原来，由于老人行动不便，不小心把电话摔坏了，赵士庆就又给老人买了部新手机。还有一次，老人摔了一跤摔坏了股骨头，住了20多天医院，赵士庆天天到医院陪护照顾，别人都夸他这个“儿子”孝顺、懂事。

2010年7月，赵士庆在三好街加油站排队加油，前面的车加完油后就进屋开发票了，没有摇上车窗。驾驶员刚走，有一个人就去副驾驶位置把手包“拿”走了。赵士庆看到后第一反应：拿包者肯定是小偷。于是他没多想，下车就喊：“站住！把包放下！”小偷吓得撒腿就跑，他紧追不舍。小偷跑到了马路对面，把包交给了同伙，然后同伙又交给了一个骑自行车的同伙……赵士庆奋力追出七八十米，把自行车上的小偷扑倒在地，抢回了被盗的包。失主说，他包里有身份证和多张银行信用卡及现金，要是被偷走了不知道得多麻烦。失主一再表示感谢，并拿出1000元钱酬谢赵士庆，却被他婉言谢绝。

2012年夏天，赵士庆散步路过北运河边，听见一名女子在呼救，他跑过去一看，只见一个孩子正在河里浮沉挣扎。他想都没想就跳到水里，把孩子托了上来。孩子的妈妈万般感谢，他却说这只是件小事，就离开了。

2012年2月，他终得夙愿，参加了中国人民解放军预备役部队，成为了一名光荣的预备役军官。他认为，保卫祖国、抵抗侵略是中华人民共和国每个公民的神圣职责。在人民的生命财产受到威胁时挺身而出，不惜牺牲个人利益，他愿意献出自己的一切乃至生命。他认为，为了国家和人民，个人吃点儿亏，失得其所，亏得光荣！

赵士庆是区、市两级政协委员。“我认为老百姓的事是我们最应该关心的事。”多年来，他提出的建议很多，而且都与百姓的切身利益相关，如提案《实行沈阳公交、地铁、出租车一卡通》，已被采纳和实施，这一政策实施后，百姓出行更加方便了。

“人活着不能光为自己，还要为别人，心中常想着为别人谋福利，活着才有价值，人生才更有意义。”这是赵士庆常说的一句话。

赵士庆在日记里曾写道：“雷锋精神，人人可学；奉献爱心，处处可为；积小善为大善，善莫大焉。”赵士庆的话不是空话、套话，都实实在在地体现在他的行动中。他利用业余时间无数次去沈阳北站维持公共交通秩序、打扫候车室、帮助老弱病残人员，去棋盘山世博园等地植树。

赵士庆先后8次无偿献血，“非典”和汶川地震时，先后7次通过不同途径捐款。沈阳市沈河区的一个孩子，父亲进了监狱，母亲离家出走，他就给孩子送去电脑、羽绒服等学习和生活用品。听说白血病女孩儿小宁需要救助，他组织单位员工捐款2.8万元。几年来他已

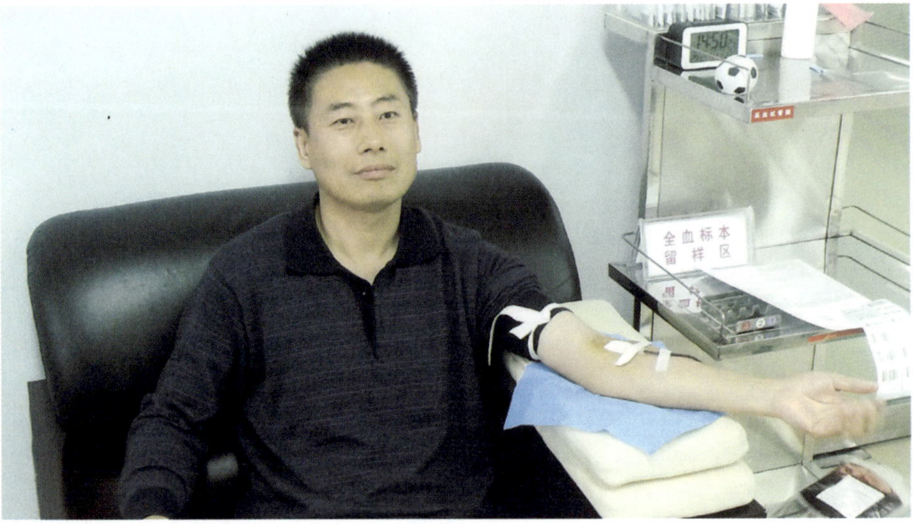

累计捐款9万多元，共参加志愿服务超过5000小时。

2014年7月11日，对于赵士庆来说是一个最难忘的日子！“我去世后，自愿捐献人体器官，以这种特殊方式将爱心传递！”赵士庆在捐献仪式上承诺。赵士庆郑重地在《中国人体器官捐献志愿登记表》和《眼组织捐献志愿书》上签上了自己的名字，那一刻，他流下了幸福的眼泪。“能够将爱心传递，帮助别人，是我最快乐的事！”如今，提起这件事的时候他还是满怀激动，同时他还开玩笑似的说：“我已戒烟了，我要更好地锻炼身体，因为现在这个身体已经不是我的了，是国家的了！”在他的言语中透着一种认真与豁达。

有一些朋友不理解赵士庆的行为，说他是“傻子”，赵士庆听了后有些伤心，却又坚定地回答：“我宁愿当一辈子这样的‘傻子’，做一件好事容易，做一辈子好事很难，我愿意为做一辈子好事努力！”

好人365 编辑感言

任何经历都是一种累积，累积的越多，人就越成熟；经历的越多，生命就越有厚度。赵士庆只是一个平凡人，但他却时时刻刻都在寻找需要帮助的人，然后毫不犹豫地出手相助。他做的好事中很多是常被普通人忽略的“举手之劳”。他是在以他特有的方式成就着生命的厚度与精彩！向赵士庆学习，就是学他身体力行地践行社会主义核心价值观。如果每个人都从身边点滴小事做起，“不以善小而不为”，身边的好人会越来越多，正能量也会越来越强大。（王文宇）

好人365 网友点赞

雨蝶star：越来越多的好人好事是小人物的善心义举，赵士庆的“举手之劳”温暖着每一个需要爱的人。

湖南网友：见义勇为，孝敬老人，这是多么伟大的人格魅力啊！

一壶姜汤『熬』七年

勿以善小而不为，勿以恶小而为之。

——刘　备

一次，天寒地冻，她偶起善念到火车站免费为旅客送姜汤，此后竟然坚持了7年，为南来北往的旅客送出姜汤51万杯。“姜汤大姐”韩无盐，爱心通达天南地北，积小善为大爱，每一杯姜汤都饱含深情。她的坚守让我们感动，她的爱心让我们传承。

“感冒、晕车、咳嗽、身体寒冷的旅客注意啦，这里有免费的姜汤。”2015年3月10日夜里，在湖南省株洲火车站候车室，株洲市环保局芦淞分局女职工韩无盐右手提热水瓶，左手提一串一次性杯子，时不时给需要的旅客倒上一杯姜汤。

韩无盐学过中医，从2008年初开始，她就用姜丝、红糖、食盐熬成姜汤，连续7年在株洲火车站为旅客免费送姜汤，被旅客亲切地称为“姜汤大姐”。无论春夏秋冬，只要没加班、没出差，韩无盐几乎每天下班后都要到火车站送姜汤。据她说，2010年以前，平均每天送出300杯姜汤。近几年，株洲西站和湘潭火车站的开通分流了许多旅客，但每天还是要送出近150杯姜汤。

2008年年初，湖南省发生了大面积的冰冻，全省48个县市经历了当地有气象记录以来最长的连续冰冻期。时值春运高峰，无数旅客滞留旅途，株洲火车站滞留了相当数量的旅客。韩无盐在电视上看到这一切，她想：外面天寒地冻，这些出门在外的旅客又冷又渴，我能为他们做点儿什么呢？

学过中医的韩无盐想起感冒了喝姜汤可以御寒，何不为滞留旅客送杯热姜汤御寒呢？想到这些，她马上行动，买来生姜、红糖、食盐熬制姜汤，把熬好的姜汤灌在两个大热水瓶里，在冻雨连绵的夜色中赶到株洲火车站。“来——有感冒、畏寒、晕车、喉咙不舒服的旅客注意啦，这里有免费的热姜汤，大家都来喝啊！”韩无盐一手提着热水瓶，一手拿着塑料杯，不停地在株洲火车站的两个候

车室之间来回穿梭。

“一定要趁热，姜汤越热效果越好，凉了就没效果了。”韩无盐一边倒姜汤，一边提醒旅客。头一次送姜汤，很多旅客都心存疑虑：是免费的吗？就连车站的工作人员也都以狐疑的眼光看着她。可是看到一杯热乎乎的姜汤下肚，旅客脸上绽放的笑容，她觉得什么都无须多说。当天，送完最后一杯姜汤已经是凌晨1点多了。那一年的冬天特别冷，冰冻持续了半个多月，她每晚都提着装满姜汤的热水瓶出现在株洲火车站候车室。

被激发的善念蓬勃生长，从那次冰灾开始，韩无盐踏上了一条为旅客送姜汤的奉献之路。株洲火车站职工老张介绍：“每年大概有340个晚上，夜幕降临时，就会看到瘦小的韩无盐提着热水瓶来到车站候车室。”火车站清洁女工小周在车站工作了7年，亲眼见证了韩无盐到车站为旅客服务。她感慨道：“从2008年起，她几乎每晚都来，大年三十都来。”

2009年夏天的一个晚上，一名旅客问：“这么热还喝姜汤？”她说：“热姜汤清热解渴，你喝了就会知道。来，喝一杯吧！”这名旅客半信半疑，一杯过后，立马浑身冒汗，感觉一下凉爽了。“真的不热了！”韩无盐赶紧说：“因为每蒸发1克水分要带着500多卡的热量，热随汗而出，身体自然感觉凉爽。中国有句俗话说得好：‘冬吃萝卜夏吃姜，不劳医生开药方。’夏天吃姜是为了出汗，有益健康！”

在韩无盐看来，冬天喝杯热姜汤可以御寒，还可以预防感冒，更能温暖人心。2009年除夕夜，一位50多岁的男旅客激动地接过杯子对她说：“去年的这一天也喝过你的姜汤。”言语中充满惊奇，更充满着感激。那一刻，韩无盐感到的是欣慰、快乐，也感觉自己的付出很值。

韩无盐每个月的工资才2000多元，除去日常开销，她的钱基本上都用在了熬制姜汤上。她平时非常节俭，同事们喊她逛街她从来不去，平日的休闲应酬她基本上不参加，而日渐金贵的生姜和红糖她买起来却从不吝啬。2014年，为了方便配制姜汤，她还购买了电热水桶和榨汁机等设备，只为让更多的人喝到姜汤。

有人问韩无盐：“这么多年，你花费了多少钱在这上面啊？”她回答：“我从不算这个账，也没想过去算账，觉得算起来没意思，我只是根据需要去添置材料。”但有人给韩无盐算了一笔账：7年来，即使是炎热的夏天，每晚也至少要送出姜汤六七十杯，而冬天一般是五六百杯。据她自己回忆，最多的一次用了860个杯子，2010年到2012年那几年最多，平均一年下来要送出十几万杯姜汤，现在一年几万杯，7年来总计送出姜汤近51万杯！很多喝过她姜汤的旅客感叹：“这是我喝过的最好的姜汤！”

经常在这里坐车的熟客认出了韩无盐："她就是'姜汤大姐'，不是车站的人，在这里免费送姜汤，送了好多年呢！"

来自湖南常德的年轻人阿龙吃了一惊："大姐送姜汤不是车站安排的吗？去年冬天我就喝过大姐的姜汤，我一直以为她是车站的，今天才知道不是。别看事情小，能坚持这么多年就不容易。我们应该多学习大姐的无私奉献精神。"火车站的工作人员渐渐熟悉了她，为她在饮水处提供了一个烧开水的地方。她每天只需在家里打好姜汁、配上红糖，提空热水瓶来，到了火车站再烧水。有记者和旅客问她："你怎么这么好，为什么想到免费给大家送姜汤？"韩无盐说："人要学会感恩，我曾接受过别人的帮助。我的父母都过世了，亲人也不在身边。我无法报答父母了，那就回报社会吧！"

她又说："其实我做这些事，不是为了出名，也不要回报，我就想为旅客、为社会做一点儿事。"她也给自己定下一条原则，必须努力地工作，绝不能因为送姜汤影响正常工作。因此，当有人问她是哪个单位的，她都会很婉转地说："株洲的学雷锋义工。"

越来越多的人喝到了她亲手端上的姜汤，越来越多的人认可了她，她觉得自己很开心、很快乐。"把快乐带给别人，自己更快乐，所以我能坚持下去。"

韩无盐的行为感动了很多人，许多人喝完姜汤都会说声"谢谢"，有的人在网上发帖、发微博，偶尔也会有人赞助。中央电视台、《光明日报》等20余家媒体对她的事迹进行了报道。自从央视报道后，浙江商会的帅大姐主动找到她，提出杯子全部由他们提供；一位住桥梁厂的老太太亲自送给她100元现金，还有许多不知名的旅客也赞助了现金；有些旅客表示愿意参与到她的行动中来。她所在的株洲市芦淞区政府号召全区居民向韩无盐学习，并成立了"姜汤大姐"志愿服务队，印制了宣传册，越来越多的人参与到送姜汤的行列中来，也有越来越多的人参与到各种志愿服务活动中来。

好人365 编辑感言

"姜汤大姐"韩无盐在无数个夜里，用无数杯姜汤，让天南地北的人记住了一座温暖的城市——株洲。一个人做一件好事不难，一个

人坚持每天做同一件好事，坚持7年那就是一种信仰。韩无盐用她坚持了7年的爱的信仰为株洲铸造了最响亮的品牌！（梁艳红）

好人365 网友点赞

浙江网友：回家的路上，因为姜汤而更加温暖。

晴天：让我们为“姜汤大姐”韩无盐点赞！

L-灰：汤暖人心，善感众人。

金牌主播传播『爱之声』

即使我们是一支蜡烛，也应该“蜡炬成灰泪始干”；即使我们是一根火柴，也要在关键时刻有一次闪耀；即使我们死后尸骨都腐烂了，也要变成磷火在荒野中燃烧。

——艾 青

在吉林省长春市有一位非常有“地位”的节目主持人。这种“地位”不仅是因为他的节目办得好，更是因为他跟听众掏心窝，他说的是人间正道，传播的是“正能量”。他在电波中释疑解惑，在电波外热心公益，在他的推动下，“蒲公英单亲女童救助计划”“微捐助”“我以我言代你眼——为盲人讲电影”等公益活动开展得有声有色。

“收音机前亲爱的听众朋友们，晚上好！欢迎收听今天的《晓声长谈》节目。钟晓愿意做一个直言不讳的好朋友，倾听您的故事，分担您的忧愁……”钟晓是个地道的农村孩子，中文系毕业，从事过秘书、司机、营销员等多个职业，甚至还做了半年多的矿工；他当初为了找饭吃走进电台，如今已成为名震省内外的金牌主持人。《晓声长谈》开播于2008年7月，现如今听众遍布全国，还有德国、日本、韩国、新西兰、西班牙、美国等国家的听众打来热线电话参与节目。不少行业内专家围绕《晓声长谈》节目发表论文。2011年，央视索福瑞媒介研究有限公司曾对《晓声长谈》进行过调查，赞其“是一个有能力改变一个城市收听习惯的节目”。

七年来，钟晓守候在直播间用心聆听，或温柔细腻，或一针见血，在嬉笑怒骂间为困惑的听众打开一个情绪宣泄口。在这里，每天都有人心结被打开；在这里，每天都有人走出情感的误区；更有许多听众，在倾听别人的故事时修正自己的人生、校正自身的行为。“一个人呀，谁都有背的时候，这时，心理压力是非常大的，他需要倾诉、陪伴，包括对别人一些问题的借鉴。我们做这档节目最重要的是心理减压，同时倡导正确的价值取向，比方说对家庭的重视、对老人的尊重与孝敬等。逆向品评，引导正向，倡导和谐。”钟晓说。

随着时间的推移，钟晓对主持人这一职业有了更新的认识，对媒介传播规律和社会责任也有了更深入的思考。“我希望在更大的范围内追求有价值的传播，给更多的人送去更实际的帮助。于是，我开始带领工作室成员开展社会公益活动。”钟晓说。

2011年，吉林人民广播电台钟晓工作室启动了一项大型社会公益活动——“蒲公英单亲女童救助计划”，发动听众的力量，每年救助一到两个失学的单亲女童，帮她们走出家庭的困境，重拾求学的机会，坚强快乐地成长，把握自己的人生。

2013年9月，《晓声长谈》栏目组通过通化人民广播电台结识了小欣慰母女。小欣慰正上初中，与母亲相依为命，作为家里唯一劳动力的戴大姐却不幸患上了心血管疾病，无法继续工作，家里唯一的生活来源就此中断了，小欣慰时刻面临着失学的威胁。为了帮助这对母女渡过眼前的难关，钟晓在《晓声长谈》中倡议听众为这对生活困难的母女捐款。节目播出后短短三天的时间，节目组就筹集了各地捐款

41080元。这些善款有的来自80岁的老人，有的来自4岁的小朋友，还有的来自远在美国加州的热心听众。大家爱心的汇聚，为这对母女解了燃眉之急。9月28日，钟晓带着听友们的爱心和4万多元的捐款，来到了通化市东昌区龙头村小欣慰的家中，代表《晓声长谈》栏目组和好心的听众们为这对母女送去了来自社会和栏目组的爱心和善款。

截至2014年底，“蒲公英单亲女童救助计划”已救助单亲家庭困难女童5人，人均救助款项4万到6万元。正如“蒲公英”蕴含的美好愿景：放飞一个个希望的种子，让幸福落地生根。

2012年大年初八，钟晓在节目中接到了一个求助电话，吉林乡村一位15岁女孩儿小花，因为父亲怀疑她不是自己的亲生女儿，因恨生恶，逼迫小花在零下29℃的呼啸寒风中跪了9个小时，导致小花双脚严重冻伤，需要截肢，这需要高昂的手术费用。钟晓当晚决定启动救助计划，发动听友团献爱心。接下来，听众的爱心如滔滔江水，在两天的时间内，善款从四面八方向节目组汇聚，钟晓不得不设定每人捐款的上限。

“因为希望能鼓励更多的人参与活动，所以我们建议最高的捐助金额为100元。”“微捐助”的概念也由此而来。即使是限制了个人的捐款额度，但是每次节目呼吁献爱心，经常一两天就能筹集到所需的捐款。每次捐助都根据受助者的实际情况确定所需善款的数额，满额即止。所以，不少热心听众都遇到还没来得及捐款，捐款就已终止的情况。对此，钟晓说：“没想到这么多人都希望帮助他人，这么乐善好施。人心真的都是向善的。”

这么多的善款如何管理？如何做到公开透明？出于对爱心人士的责任和义务，钟晓对收到的所有善款都做了严格的登记管理：每一次募捐，都会办理一个独立账户，捐款账目均在网络上公开，进款支出一清二楚，将听众的善款分毫不差地交到受助者手中。在做公益这条路上，钟晓将大家的“微”爱心汇集起来，形成了一股强大的社会力量。

2014年8月7日上午，由钟晓工作室举办的“我以我言代你眼——为盲人讲电影”活动在长春宽城万达影城举办。50位盲人在钟晓工作室主持人的解说陪伴中欣赏了电影《美丽密令》。“我以我言代你眼”活动始于2013年，是与电影院合作举办的一项大型公益活动，每次邀请50位盲人，台上放映电影，主持人在台下讲解。为了让盲人朋友更好地体验观影的乐趣，工作室人员要将一部电影看上三四遍，斟酌解说的时间节点，有对白的时候不能出声，没对白的时候要用言语描述剧情，全力以赴地用声音的魅力还原画面的质感，让盲人朋友们听得舒服、明白。

年已七旬的宋秋实老人在退休后因患糖尿病而失明，借着这次机会又重新参与起社会活动，如今已经听了三次电影。对于钟晓工作室举办的公益活动，老人赞不绝口，他说他在夕阳的年纪里又找回了朝阳的心情：“他一说我们就知道画面上的场景，讲得特别明白，特别好！回去心情特别豁达！通过他们广播主持人，我收获了很多的快乐。”

如今，钟晓工作室已为上千名盲人朋友送上了观影的喜悦。在钟晓的带动下，他的很多公益活动已成为吉林新闻综合广播全频率员工的共同行动。

编辑感言

成功的广播节目应该是什么样？《晓声长谈》用7年经久不衰的“爱之声”，探索出了一个成功的样本——民生节目响应民生呼唤。成功的背后，是钟晓工作室对社会责任和爱心公益的担当：倾听老百姓的故事，汇聚微爱心，为老百姓分忧。怎样讲好中国故事，让社会主义核心价值观家喻户晓、见诸行动，钟晓的故事，或可成为传媒人校准职业方向的航标。（邓植尹）

网友点赞

福建网民：传播正能量收听率才会长久飘红。

清心：人如其名，如拂晓钟声，涤荡众多困惑茫然的心灵。

圆梦育人的『上海爷爷』

教育者，非为已往，非为现在，而专为将来。

——蔡元培

身为教师，为人师表。他1994年带领上海大学的学生到农村参加社会实践活动，目睹了农村孩子失学的境况，从此开始了20余年的结对助学活动。他说：“尽自己所能，做一些有意义的事，对我也是一种快乐。”这就是“助人为乐，自乐其中”的退休教师沈启华。

一次偶然的社会实践，改变了他的后半生。21年间，他去江西10多次，帮助援建2所希望小学，个人长期结对资助了20多名学生，为400多名学生牵线找到结对者……期间，他虽然因为心脏搭桥曾在生死线上徘徊过，却从未停止过爱心助学事业。在他的带动下，身边人也纷纷伸出援手，让这场爱心马拉松绵延不断，一场涤荡人们心灵、崇德向善的新风悄然兴起。

他是上海大学70多岁的退休教师、曾任上海大学文明办副主任的沈启华。

1994年的暑假，上海大学嘉定校区照例开始筹划大学生社会实践活动，因为一个极偶然的机会，这一年的活动临时落到了沈启华的身上。于是，52岁的沈启华怀揣上海大学师生捐助山区贫困学生的2万元钱，带领一批大学生到江西省浮梁县经公桥镇开展社会实践活动。

即使是今天回想起来，那里的所见所闻都让沈启华感到震惊和心酸。“房子都非常简陋，嘉定地区养鸡、养猪的房子都比这个好。特

别是有一家，四个人一张床，四个人一床被子，床是用石头垒起来的，上面是板子。这座房子是四面透风的。吃什么呀，我们一看，锅里就有一只地瓜，菜就是地瓜的茎。”

有些家庭穷得连买种子的

钱也是借的，又哪里交得起哪怕只要几十元的学费？让这个闭塞山区落后的，不仅是贫困，更多的是愚昧和无知。尤其在“女子无才便是德”的封建思想影响下，“做做农活儿、早早嫁人”便是当地绝大多数女孩儿的全部生活。

破烂透风的教室、满身补丁的衣裤和孩子们渴求知识的目光深深地刺痛了沈启华的心。他将带去的所有钱和衣物都送给了村民们，仅仅留下了回家的路费。沈启华还决定资助计文娟、施秀琴两个女孩儿，帮助她们读完初中。两个孩子成绩都很好，如果仅仅因为贫穷而放弃学业，这是做了几十年教师的沈启华不忍看到的。

1994年正是希望工程刚刚兴起的时候，沈启华等人的善心如同一缕清风，吹散了盛夏小镇湿热的空气。临行时，依依不舍的村民们一直把他们送到村头的车站，在车辆刚刚启动的瞬间，一对不知该如何表达谢意的祖孙，竟然双双跪下。震撼中，一种责任感与同情心从沈启华的心底油然升起。“在那一瞬间我意识到，这里的人们太需要帮助了，自己的后半生也许从此再也割舍不下这些大山深处的孩子。”沈启华说。

回到上海后，薪水不高的沈启华将每学期70元的班主任津贴、监考一次5元的费用一点点攒起来，都寄给了孩子们。不仅如此，每年他还主动再多捐助一两个贫困孩子上学。2003年，老沈退休了，可助学的热情一点儿没减退。他要求自己每年帮助10名困难孩子结对，而如今，年已古稀的他已经在景德镇帮忙结对帮扶了246个孩子，募集的资金按当地生活水平可以让940人上一年学。

1994年，距离那次“洗心”的社会实践不久，沈启华就陆续收到了两个受助女孩儿计文娟、施秀琴的来信。信中诉说着8岁的孩子本不该有的心事和负担。“爷爷您好！几天过去，您该到家了吧？我正拿着您送给我的笔写信。本来我下学期不想上学了，因为爸爸去年去世了，治病借了很多钱还没还清。那天，爷爷来我家送了这些学习用品，妈妈回来知道后，高兴得哭了，真的十分谢谢爷爷！”

一口一声的“谢谢爷爷”让沈启华的心沉甸甸的，他提笔写下了寄往山区的第一封信。从此，他的生活不知不觉改变了。读信、回信，然后便是等待的日子。

寒来暑往，7000多个日日夜夜，他和每个受助孩子的信件往来从未间断过。400多封回信，每一封都被细心地压平、分类、装订。翻开最初几年的来信，稚嫩的笔迹间，还不时地被圈出几处错别字。他将每个孩子的生日一一记在心头，届时送去一份份惊喜；逢年过节，他给孩子们邮寄糖果、压岁钱，让孩子们做新衣裳；暑假到了，他前往江西看望孩子们。这些年里，沈启华去江西不下10次，每次都亲自去结对的孩子家家访，并在自己做的表格上详细记录。1999年，沈启华因心肌梗死做了心脏搭桥手术，身体康复后的第一时间又去了江西。沈爷爷贴心的举动不仅让孩子们收获了意外的惊喜，还给他们学习上带来了莫大的动力。

20多年过去了，计文娟、施秀琴早已长大成人了，但是她们依然和沈老保持着通信，信的开头，依然亲切地叫着“爷爷”：“山里的女孩儿很少能读到中学，一般都早早地嫁人，帮家里做做农活儿，一辈子就在山里。很幸运我能遇到爷爷，因为您，我开阔了眼界，有了不同的生活，不同的未来。真的感谢爷爷！”在孩子们的心中，沈爷爷带给他们的不仅是金钱的资助，更是亲人般的惦记与温暖。沈启华资助过的一位学生在给他的来信中写道：“我们真正需要的是关怀，而不是爱心活动过后的忘却。很少有人能像沈爷爷一样，坚持给予我们关怀。我想说声：爷爷，您真棒！”

助学，不仅仅需要慷慨解囊，更需要爱的奉献，用爱呵护那些因贫困而过早成熟的心灵。在沈启华的心中，贫困学生就是亲人，值得用半辈子的时间去爱、去珍视、去呵护。

沈启华资助的孩子越多，越感到自己力量的不足。他的心头不时被一种想法触动着：自己默默地捐助失学儿童，虽然少了闲言碎语，但一个人能救助的毕竟只是极个别的孩子，如果能带动其他人，不就能帮助更多面临失学的孩子了吗？要调动社会力量，要办希望小学，激活贫困地区教育自身的“造血”功能！

1996年，洪水冲垮了景德镇昌江区余家小学。接到消息，沈启华十分着急。重建一所小学至少要20万元，这对一个普通教师来说，谈何容易！去哪里筹这么多钱呢？他只得寄希望于社会。

当时正值三伏天，沈启华顶着烈日，跑遍了上海市各个慈善机构，跑了一个星期 ，进展却十分缓慢。一天，沈启华满身大汗地找

到共青团上海市委，接待他的工作人员，竟是他的一名学生。

小伙子既惊讶又敬佩，他以前从不知道老师助学的事。感动之余，他和老师一起奔波，联系了很多社会上的慈善人士。一次次奔走，一趟趟求人，他的爱心终于感动了友邦保险的徐总，对方乐意出资20万元。几个月后，昌江区建起了一所崭新的学校，也是景德镇市的第一所希望小学——余家希望小学。新学校开学那天，沈启华受邀参加开学典礼，还被聘为名誉校长。如今，这所希望小学已经成了当地农村的示范学校。

第一所希望小学建起来了，沈爷爷的心愿只完成了一半，他还想着自己什么时候能亲自捐资建希望小学。

时隔10年，沈启华的助学梦终于实现了！身为上海一家企业副总的大女婿出资20万元，帮助丽阳中心小学重建，真正圆了岳父亲自捐资建希望小学的梦。

更令沈启华欣慰的是，早期结对的女孩儿庄玉萍，大学英语系毕业后，“接过爷爷的爱心接力棒，把希望带给更多需要帮助的人”。她放弃去沿海地区就业的机会，毅然回到了地处穷乡僻壤的丽阳中心小学任教。在希望工程的雨露下长大的施秀琴也成了当地希望小学的教师，继续浇灌着新的希望之苗。受助——感恩——回馈，就像沈启华设想的那样，这个贫困地区的教育真的开始自我“造血”了。

多年的爱心助学，沈启华投入了数不清的金钱和心力，家人就没啥说的吗？其实，沈启华助学最初是瞒着家人做的“地下工作”。直到小女儿沈磊读大学时一直抱怨父亲吝啬，给的零花钱太少，他的事才被“揭穿”。一次偶然的机会，沈磊看到了爸爸的一张汇款单，“想不到爸爸平时一向俭省，对外人却那么大方，一给就是200元。”沈磊有点儿不高兴，就将此事告诉了妈妈。

沈启华的妻子想到家里还有两个正在上学的女儿，她劝丈夫放弃助学。沈老师二话不说，带着妻女来到了江西山区。看到那里贫困的情景，妻子流泪了，背着丈夫偷偷塞给孩子50元钱。“那是1996年，我们和爸爸一起去了一次山里，触动特别大，那种穷困不是我们这些大城市的孩子能想象得到的。现在我们都很支持爸爸。在爸爸的影响下，我也资助了一个孩子。”沈磊说。

女儿们工作后，继承了老爸的“衣钵”，每人结对一个孩子，这让沈启华极其欣慰。不仅是女儿们，随着沈启华的事迹逐渐被传开，他一个人的“希望事业”变成了更多人的“希望工程”。“当时有不少人找到我，都表示要献爱心。有一个女同志，说要捐助一所学校，但是不肯张扬。愿意献爱心的很多人，不一定很有钱，也不图回报……”沈启华说。在他的牵线搭桥下，上海各界已在景德镇结对帮扶了246名学生。在这批爱心人士中，汇集了上海的教师、医生、公务员、学生、农民等各界人士。随着一个个助学对子的结成，沈启华用真情搭起了一座沪赣“爱心桥”，孩子们口中的“上海爷爷”名副其实了。

“‘希望工程’浮梁行，结对助学两地情，扶贫帮困一片心，转眼不觉二十年。”从1994年到2015年，整整21年，沈启华从一个人偷偷助学，到带动一家人扶贫助学，再到动员社会力量合力助学，他的爱心使他多了无数个孙子孙女，获得了很多赞誉。如今，年已古稀的沈启华老师身体不太好，可是对孩子们的牵挂却一点儿也没少。受助学生的学业完成如何，完成学业的还要惦记着帮他们就业找工作，找了工作的还思量着他们能成个好家。一想起孩子们，他就会翻看自己的“爱心缘”纪念簿，一张张老照片映入眼帘，画面中有景德镇的乡村学校，有结对帮扶的困难孩子，还有孩子们长大后的结婚照。“看到他们的照片，我就开心！”沈启华说，“现在儿孙满堂，只要有能力，我会继续把爱心传递下去。”

正如沈老所说，个人力量是单薄的，祖国的未来需要全社会的关心。孩子们真正应该感谢的，是整个社会，是这个时代。

好人365 编辑感言

人之初，性本善。其实，我们每个人都不乏善心和爱心，但很多人缺的不是感动，而是一种显示感动的勇气，一种传递感动的行为。传递感动，就是传递正能量。沈启华用他的实际行动，穿透了世间的冷漠，用一种将心比心、推己及人的心理，获得了一种感同身受的情怀，传递着这份爱。当一个人被感动之时，也是他的爱心和善心被触发之时。所以，又有了那么多和沈启华一样的人们，默默地帮助那些生活困难的孩子。他们的行为体现了人与人之间的关爱，体现的是爱心的接力，让人们为之感动，让人们感到温暖，因为它传递的是正能量，是一种强大的正能量。（张智萍）

好人365 网友点赞

薛止烟：一次偶然的社会实践，改变了沈启华的后半生。而沈启华的爱心行动，相信将改变很多孩子的一生。

叶金帆：爱心接力只有起点，没有终点！

百岁老人助寒门

教子教女，辛勤半辈。满头白发，甘乳一生。

——《师蚕》

重庆退休教师、百岁老人李世瑚一生清贫勤俭，却在百岁生日时，一次性捐出毕生积攒的10万元存款，资助贫困学生。她说："我也是搞教育的，就想为贫困孩子做点儿事，这是我对自己多年的承诺，做到了心里就安逸了。"

2014年4月13日，重庆市南岸区百岁老人李世瑚这样庆祝生日——向民进重庆市委“小橘灯”基金会捐赠10万元，资助贫困学生。这10万元钱，是她一辈子省吃俭用攒下的，也是她数十年的一个夙愿。

为何这位百岁老人要以这种方式庆祝生日？

“其实没得啥子的，我母亲捐助的想法很简单，她是个老教师，想让更多贫困学生能上学。”老人的三女儿杨丽中说，“母亲跟我们说过，要低调处理这件事，不希望宣扬。”

近20年来，李世瑚老人一直和大女儿杨毓宁一家生活在一起，住在南岸区民政局宿舍楼里。这是一幢没有电梯的老居民楼。

眼前的李世瑚满头银发，穿的外套是数十年前的，涤纶面料、扭花扣眼。

从73年前第一次踏上讲台开始，资助贫困学子这个心愿，就在李世瑚老人心中生了根。从学校退休至今已42年了，每月退休金从几十元涨到4000多元，一辈子节俭的老人舍不得吃穿，却默默攒下了一笔钱，她想用这笔钱为那些家庭困难的学生们做点儿什么。

“我们南岸区尊老敬老的政策好，加上母亲是民进会员，民进重庆市委、南岸区委也常常来看望她，她很感恩这些来自社会的关心，几十年来一直想尽微薄之力回馈社会。”老人的女儿介绍说。

老人把捐款的心愿告诉女儿们，得到了全家人的一致赞同。2014年4月13日，李世瑚在百岁寿辰这天，终于圆了几十年的梦想——她将自己一点一滴积攒起来的10万元悉数捐给了民进重庆市委“小橘灯”基金会，用以资助最需要帮助的贫困学生。

在寿诞仪式现场，一位与老人非亲非故的特殊宾客泪流满面。她叫冉婷婷，在重庆东港学校读初二，因为父母体弱多病，只能打些零工维持生计，她和家人生活十分困难。李世瑚的10万元捐款，将通过“小橘灯”基金会送到冉婷婷和其他贫困学子手上，以帮助他们完成学业。

“祝奶奶生日快乐，我一定不会辜负奶奶的关心，好好学习，今后将尽自己的所能回报社会，回报关心我的人。”李世瑚的听力不太好，激动的婷婷贴着老人的耳朵为她送上生日祝福。

“好，好，希望你们好好读书，能够对社会有所贡献，我就满意了。”听清了婷婷的话，李世瑚老人连连拍手，长满皱纹的脸笑开了花。

李世瑚出生于一个书香世家，父亲李授承创办过丰都县女子学校。她年幼时，周围女孩子很少有上学读书的，是父亲不顾亲戚反对，送她上学。

李世瑚1941年从当时的四川省立教育学院毕业后开始从教，先后执教于重庆市六中、市第一师范中学、市第二师范中学和市十一中。

“我能读到书，要感谢父亲，没有他的支持我就上不成学。”李世瑚说。也正因为如此，她跟教育事业结下了不解之缘。

老人育有五个女儿，全都事业有成。在女儿们眼中，李世瑚是位平凡而又伟大的母亲。杨毓宁说，老人一生从事教育事业，自始至终兢兢业业、勤勤恳恳，为国家培养了许多栋梁之材。“母亲是我们的榜样，我们为自己有这样的母亲感到非常骄傲。”大女儿曾是企业财务人员；二女儿留学美国，现任美国一家跨国公司技术主管；三女儿是政府机关干部；四女儿是教师；最小的女儿在美国纽约当医生。

“母亲无力为我们铺就平坦的道路，但是她的爱和牵挂却总是伴随着我们，鼓励我们在坎坷的人生道路上跋涉，一步一个脚印，永远保持自爱和自尊。”二女儿说，母亲退休时，她们五姊妹还在农村，生活比较艰苦，母亲总告诫她们，不要怕困难，要自立，要与人为善，“五姊妹都经历了很多挫折，每次母亲都会跟我们谈心，让我们勇敢面对困难，坚持走下去。”

当教师时，李世瑚工资并不高，再加上还要养育5个女儿，资助念大学的弟弟，一家人的日子一直过得紧巴巴的。特别是20世纪60年代，丈夫被下放到农村后，全家7口人就靠李世瑚一人的工资过日子。

老人自己一直恪守勤俭节约的美德。大女儿杨毓宁介绍，从前生活艰辛，老人始终勤俭持家、精打细算，以一份微薄的工资，支撑起七口之家；如今生活好了，老人仍然保持着简朴的生活习惯：不允许子女给她买太多新衣服，说够穿就行；剩饭剩菜从来不准倒，也从不买高级的营养品。一次，外孙买来一件衣服孝敬外婆，袖口却有些长了。孩子们都劝她不合适就别穿了，李世瑚却拿出针线，亲自将衣服修改好。

即使在这样的情况下，李世瑚也竭尽所能帮助他人。

在捐赠10万元善款时，一生节俭的李世瑚老人再三叮嘱“小橘灯”基金会的工作人员，一定要将善款用在最需要的贫困学生身上。

老人常常将“感恩”挂在嘴上：感谢父亲给自己受教育的机会，感谢政府关怀老教育工作者给他们涨工资，感谢大女婿、大女儿日复一日的悉心照顾，感谢天南海北的子孙们对自己的孝敬，却很少说到自己的义举。对于这10万元钱，她只蜻蜓点水地说了句：“我也是搞教育的，就想为贫困孩子做点儿事。”

老人说，这是她对自己多年的承诺，做到了，心里踏实了。百年的时光沧桑，都抵不过这句平淡的话语，这话波澜不惊，却温暖亲切。

好人365 编辑感言

一位生命长度跨越世纪的老人，一笔点滴累积的10万元巨款。跨越世纪的爱心与奉献，闪耀着时代光辉和道德光芒。老人数十年坚持行善举，并非偶然，而是源于良好家风的影响、传统文化的熏陶和与人为善的道德修养。家风是一种潜在的、无形的力量，是一种无言的教诲，老人一生兢兢业业、助人为乐、勤俭节约，好家风代代传承，所有子女勤学成才，事业有成，学生更是终身受益。在贫困学子最困难的时候，老人的爱心如雪中送炭，老人的善举也会在孩子们的心里种下一颗颗善良的种子。（彭　鹍）

好人365 网友点赞

可可西里：让我们一起带着感恩的心，祝福好老师一生平安！

宁夏网友：她一生清贫勤俭，却为贫困学生捐赠出10万元存款。祝好人一生平安！

锤钉兄弟

天下无难事，只怕有心人。

——王骥德

谢舒明和彭龙是公交公司的两名普通员工，为从源头上消除车胎被扎隐患，他们二人利用休息时间，抡起30斤重的铁锤，穿行在城市的滚滚车流中，义务上街锤钉，一干就是大半年，清除路钉数百枚，被大家亲切地称为“锤钉兄弟”。

“70后”的谢舒明和“80后”的彭龙，是武汉公交集团四公司的普通员工。他俩这一天又来到大街上，放好警示牌后，彭龙开始指挥着车辆避让，谢舒明迅速抡起铁锤，朝地面狠狠砸去，一颗凸起的铁钉，几下便被砸进了路面。

在武汉市汉阳区街头，谢舒明和彭龙完成了一次又一次这样的配合，已经“消灭”了数百颗路钉。

锤钉子，只是他俩的业余“爱好”。他们是轮胎修理工，正是因为见了太多被施工遗留钉子扎破的轮胎，促使他们决定从源头入手，义务帮所有车主消除隐患。

熟悉他们的同事，给这对组合起了个有喜感的称呼——“锤子兄弟”。不过，说到这儿，谢舒明腼腆地说：“‘锤子兄弟’有些不好听，还是叫我们‘锤钉兄弟’吧。”

2014年10月18日上午，公司保修车间内，谢舒明收到一条手机短信：杨泗港高架桥下，有一处铁钉露出，过往车辆纷纷避让。发信人是585路公交车司机刘庆国。

午休时间一到，“锤钉兄弟”根据信息提示，赶往杨泗港高架桥。

在高架桥正下方坑洼的地面上，有两排整齐的铁钉从地面冒出头来，几米开外，地上铺着一块长方形铁板，铁板的四角几个固定铁钉用的圆孔都空空如也。

“一看就知道，这块铁板原来是用铁钉固定在破损路面上的，由于长期被车辆碾压，被撬离了路面，位移了几米。但铁钉还留在路上，必须砸下去，不然容易扎破途经车辆的轮胎。”谢舒明边说边从车尾箱拿出大铁锤。

30斤重的锤子，在身高不到一米七的谢舒明手里显得略为沉重，他拖着锤子走向道路中间的钉子处。彭龙也见机行事，看准车辆较少的时候，将警示路标放在离路钉约5米处，一边提醒过往车辆注意，一边示意谢舒明开工。瞄、抡、砸，谢舒明抡起铁锤一次一次地砸向立在路面上的铁钉。

锤钉时，只见谢舒明埋着头，腰弯得很低，双臂用力地抡动着大铁锤，一下，两下，三下……直到钉子完全埋进路面中。不到5分钟，汗水已经顺着谢舒明黝黑的脸颊滑落下来。

“安全了。”用脚踩了踩，发现几枚路钉都完全埋进去后，谢舒明长舒一口气，背起铁锤，和彭龙往前走去，寻找其他铁钉。

路边行人看到他俩的行为，投来异样的目光。“我们早已习惯了这样的眼神。”彭龙回忆道。他们之前在锤钉的过程中，很多车主不理解，认为他们占道造成了交通堵塞。但彭龙却不这么认为，花两三分钟解决1颗铁钉，一辆车将会节省50元的补胎费，1000辆车就是5万元，何乐而不为呢？

2012年武汉进入建设密集期，地铁、立交桥等建设工程密集，高峰时数千个工地同时施工。工地破坏的路面，施工方常用铁钉固定几块钢板，覆盖坑洼以便车辆通行。车辆长时间碾压造成钢板移位，或

者施工结束后疏漏，路面凸出的铁钉便成为过往车辆的“噩梦”。

“上街锤钉就是想改善路况。”26岁的彭龙说，近两年来公交车轮胎被扎的数量明显增多，他所在的修胎车间每天要抢修近50条轮胎。2014年3月28日，正在车间工作的谢舒明和彭龙突然接到临时通知，要赶去汉阳麒麟路段抢修一辆公交车。一到现场才发现，由于路面坑洼不平，公交车在避让路钉时意外落进一个深达40厘米的大坑内。抢修完毕，谢舒明提议：“路面状况实在太差，我们不如从根源解决问题，定期巡视路段，处理马路上遗留的路钉。”说到这里，两个人一拍即合。

他们开始利用午休时间一起“搭伙”巡路，处理路钉。远一点儿的地方就开车去，到了再步行巡街。有时一走就是30多公里，遇到路况较好时，彭龙就将车辆打开双闪停在路中间，指挥过往车辆避让；

遇到路况较差的路段，彭龙就将车停在一边，谢舒明拖着沉重的大铁锤沿路查看，遇到破坏性较强的路钉就立刻联系彭龙前往指挥交通。

容易处理的路钉，谢舒明三五下就砸入地下；遇上难啃的“钉骨头”，兄弟俩需要轮换锤砸十多分钟。不断猛力砸钉，常用的铁锤多次开裂，锤面坑坑洼洼。

长期抡锤让谢舒明右手掌心磨出一个硬币大的老茧。谢舒明说：“路钉要睁大眼睛找，现在走路都成‘低头族’了，遇到‘眼中钉’就盘算着怎么锤掉。”

虽是义务锤钉，可刚开始时知情的同事不多。起初，只有胎工组的几个同事知道“锤钉兄弟”的“额外工作”。有几次，他们还因为寻觅路钉而耽误了上班时间，被领导狠狠训斥了一顿。一些车主认为他俩占道阻碍交通，冷眼相待，甚至贴身加速驶过。谢舒明说：“我们为的是大家出行安全，相信大家迟早会理解的。”

2014年9月下旬的一天，“锤钉兄弟”所在车间一上午收到23条车胎，受损位置和深度几乎一样。根据经验，谢舒明判断这些车胎是在同一个路段被扎。与相关司机确认后，他俩前往事发地点，找到并处理掉了扎胎的“元凶”。

他俩向公司建议，希望通知各线路司机，行车途中多留心危险路段，发现路钉扎胎及时通报，提醒其他司机注意避让，并通知他们及时锤钉。“锤钉兄弟”的义务付出，终于被单位上下知晓。

消息一发，一呼百应，越来越多的人加入其中，形成了一条流水线：司机发现问题、反馈问题、发布问题提醒其他司机，“锤钉兄弟”出马消除隐患。随着各方的支持，马路锤钉的工作很快收到成效，每天送往轮胎车间检修的车辆数量锐减，这也让他们更有信心继续将义务锤钉的工作做下去。

“锤钉兄弟”身影出现多了，也逐渐受到公众的认可和赞许。彭龙说，一次锤钉时，一辆路过的私家车车主停车给他俩递烟，还竖起大拇指。有时交警还主动帮着疏导交通。他说：“这些支持让我们感受到锤钉的社会价值。”

在锤钉之余，他们也不断呼吁，希望施工方留心不留钉，及时清理因为打围、补路等留下的路钉，以免留下隐患。“希望有一天，我们在路上一个钉子都找不到。”

在谢舒明和彭龙的影响下，路钉隐患引起了社会各方的重视。武汉城区不少工地施工方已安排工人专门查找和清理路钉；还有施工企业代表发出文明施工倡议书，号召工程收尾后，进行扫地式巡查。

谢舒明和彭龙说：“只要知道哪儿有路钉，我们都会去锤钉。如果有一天，路上没有我们需要锤打的钉子了，那才更好。”

编辑感言

“锤钉兄弟”的举动看似是日常小事、无足轻重，但在社会上却产生了巨大的反响。众多网友为他们点赞，充分说明群众对他们行为的认可，说明我们生活中需要更多像“锤钉兄弟”这样在岗位上敬业尽职、在生活中处处为他人着想的好人。

在我们生活的城市，还有很多如车窗抛物、乱扔垃圾、非法张贴小广告等各类的“钉子”，需要每个市民主动“抡锤”，培育人人参与、主动担当的“锤钉”精神。“锤钉兄弟”抡起的铁锤，砸平的不仅是路上的铁钉，更是敲醒了人们的城市主人翁意识，当“锤钉兄弟”这样的平凡人不断出现在我们身边时，我们的城市将会更文明、更美好。（王　楠）

网友点赞

河南网民：做好事不难，难的是坚持做好事，好样儿的！

双台子苏玮：小小善举如星星之火可以燎原，榜样的力量！

好企业家『任性』助学十八载

风声、雨声、读书声，声声入耳；家事、国事、天下事，事事关心。

——顾宪成

陈介仁是广东的一位民营企业家。早年，他为了生计耽误了学业。如今，他事业有成，目睹不少寒门学子辍学的现状，决定义务创办学校。他在1997年和1999年创办的仁荣小学和仁荣中学，18年来累计资助贫困学生4200多名，许多寒门学子从这里走向了大学、走向了世界。

一天上午，广东汕尾市的一个学生腼腆地站在海丰县仁荣中学董事长陈介仁的面前，自述家境："我家三个孩子，全靠爸爸一人蹬三轮车养家，经济条件不好。可是，我想继续上学……"陈介仁神色宁静地看着这个孩子，专注地倾听她的述说。18年来，陈介仁无数次面对同样的场景。事实上，在每个新学年到来之际，许多出身寒门的学生都曾向他申请过资助，有的还减免了学费。

陈介仁的助学情结，源自于他早年的坎坷经历。1963年出生在海丰县城的陈介仁，5岁时随父母下放农村。为了生计，他早早便步入社会，从建筑水泥工做起。1993年，乘着新一轮改革大潮，陈介仁成立了海丰县第一家房地产开发公司，挖到了"第一桶金"。随着事业的发展，他成立了综合性的仁荣实业发展有限公司，任董事长兼总经理，业务涉及房地产、种植养殖、市场商品批发、兴办学校、酒店、文化等诸多领域。

事业有成后的陈介仁，深深明白"一人上学，终身受益；一人就业，全家脱贫"这个道理。他目睹不少寒门学子辍学的现状，回忆起自己早年求学的辛酸经历，决定帮助那些和当年的自己一样的寒门子弟圆上学梦。从哪里入手？办学最直接，也最好。

1997年，陈介仁撒下第一桶金创办了仁荣小学，一开学就招收了一至五年级近千名学生，只收学杂费，课本、学习资料、校服、书包等一律免费供给，每年给扶助的100多名贫困生免除一切费用。1999年，陈介仁投资1.5亿创办了仁荣中学，汕尾市所辖各县（市、区）的贫困学生纷纷慕名而来，陈介仁在力所能及的情况下来者不拒。

为了使汕尾市的老区、边远地区的贫困生能继续读书完成学业，陈介仁在建校之初就果敢决策：对立志向学、品德好、成绩优秀、家境困难而面临失学的小学生和初中生，一律减免学杂费。结果每年免费上学的优秀贫困生占仁荣中学总人数的1/3。因办学成绩优异，仁荣中学先后被评为“广东省一级学校”“全国绿色先进学校”。目前，仁荣中学已成为汕尾市规模最大、实力最强的民办中学。

一茬又一茬的学生从仁荣中学毕业，考入全国各地的大学，对于母校仁荣中学和校长陈介仁，他们一往情深。每年假期，很多毕业生回到母校看望学弟学妹，鼓励他们好好学习；拜访陈介仁，答谢他当年的助学恩情。

在陈介仁的办公室里，有一个大文件盒，里面装着十几本学生花名册，那里面，记录着一个个让他感到骄傲和欣慰的学生的名字。

陈介仁的助学故事不胜枚举，广为传诵的是仁荣中学第一届毕业生刘秀凤在他的资助下考上大学，最终东渡日本攻读博士。

2000年，海丰县偏远山区平东镇学生刘秀凤初中毕业后，因家境贫困辍学前往东莞打工。得知这一情况后，陈介仁主动与其联系，多次上门找家长做工作，并派人去东莞劝说秀凤回来读书。刘秀凤来到仁荣中学免费读高中，陈介仁还给予她生活上的补贴。2006年，刘秀凤被选派到日本留学读研究生。当得知她无力支付留学费用时，陈介仁又拿出5万元予以资助，圆了她的留学梦。

2012年7月22日，在日本攻读博士学位的刘秀凤回到母校——海丰县仁荣中学。当她见到学校董事长陈介仁时，紧紧拉着陈董事长的手声泪俱下地说："陈董，要不是你，我今天还不知在哪儿当打工妹呢！你真是我的再生父母！"见此情景，在场的师生无不为之动容。

陈介仁18年的办学之路帮助了众多寒门学子，"仁中"给了他们温暖，解了他们的燃眉之急，"仁中"的大爱育出大批寒门人才。每当有人问起陈介仁为何对办教育如此执着、痴情，对贫困生如此慷慨、大方时，他总是这样回答："看到孩子辍学，我就痛心。"

如此简单的一句话，陪伴着陈介仁走过18年来的每一天，是他的"任性"让众多困难家庭学生重新看到了生活的曙光。

如果把"以仁之道乃荣人，以礼之行方仁人"当作做人的精神境界，陈介仁无疑是人们学习的楷模。除了义务办学，陈介仁还经常带

队走访慰问贫困家庭、敬老院、福利院等，为慈善活动、基金会以及汶川、玉树地震灾区踊跃捐款。

1999年夏天，海丰县城一户人家不幸发生煤气罐爆炸，房子炸塌，两个孩子严重烧伤。陈介仁得知后立即发动全校师生捐款2万多元，并自掏1万元送去。2011年，为救治陆丰市一名素不相识的白血病儿童，他先后几次捐款达17万元，最终挽救了孩子的生命。

为营造一个良好的生活环境，让市民有一个游玩的好去处，2000年，陈介仁投资4000万元将200亩山丘和100亩荒滩建成青年公园，配套建设了青少年活动中心、音乐广场和餐饮设施等，免费对外开放。陈介仁为了可以更好地保护海丰文化遗产，筹资1000多万元，建成6000多平方米的仁荣博物馆，展示海丰1600多年的历史文化和民俗风情。

陈介仁的爱心投资还涉及体育事业。为实施《全民健身计划》，陈介仁投资800多万元自建羽毛球馆，免费供人们锻炼；他不仅承办了全市两届中学生运动会和全县三届老年人运动会，还经常支持市、县各种体育赛事，并投资组建了“仁荣男女龙舟队”，代表海丰多次参加全国龙舟公开赛，屡获佳绩。

“每当看到公园里游人散步、老人晨练、情侣私语、亲子嬉戏；球馆里人们挥汗如雨、强健体魄；博物馆里观者驻足凝神、探古求知，每个人的笑意写在脸上，我就感到特别幸福、特别开心。”陈介仁如是说。

据不完全统计，十多年来，陈介仁义务办学扶贫助困、建设家乡，已为爱心公益事业投入近3亿元。陈介仁博大的爱心和慈善之举赢得了称赞，先后荣获全国“关心下一代先进个人”、全国体育工作先进个人、亚运会火炬手、广东省劳动模范等多种荣誉称号。

好人365 编辑感言

从水泥工成长为董事长，为公益事业到处“撒钱”。这就是陈介仁，一位爱心“泛滥”的企业家。他的“痛心”让辍学的孩子改变了命运，他的“不忍心”让困难群众摆脱了生活困境，他的“开心”让养育他的家乡变得更加美好。仁者爱人，爱人者仁。陈介仁把“仁爱”二字大写在海丰广袤的红色土地上，上为政府分忧，下为百姓解愁，同情弱者、扶贫济困；关注民生、博爱大众；助人为乐、自得其趣。其义举德行，彰显着真善美，传递着正能量。（路　弘）

好人365 网友点赞

小蜜蜂：敬业奉献使有志者宏图大展！

福建网友：支持教育的企业家，值得所有企业家学习。

『拾荒主席』张景兰

一个人对人民的服务不一定要站在大会上讲演或是做什么惊天动地的大事业，随时随地、点点滴滴地把自己知道的、想到的告诉人家，无形中就是替国家播种、垦殖。

——傅　雷

她本可以体面地做退休干部，却舍去舒适的生活，加入了“拾荒者”的行列，被称为“拾荒主席”。她做这一切，就是为了一个目的——帮助更多的贫困女童上学读书、圆自己的梦。她就是合肥市退休老干部张景兰。

在路灯照射下的合肥街头，她是一个不被人注意的城市拾荒者；在安徽省人大机关，她是一名退休的机关工会主席；在安徽绩溪县、霍山县、金寨县的许多乡村学校里，她是孩子们喜爱的好奶奶……十几年来，“拾荒主席”张景兰，用她并不宽裕的退休工资和每天上街捡废品的收入，资助560多名贫困山区的孩子圆了读书梦。

张景兰是合肥市包河区茶亭社区居民，1948年出生，退休前在安徽省人大担任机关工会主席。张景兰的助学之路要追溯到1998年。

那一年，张景兰参加安徽省人大对口帮扶皖南绩溪县活动时，听到这么一段话：绩溪人一辈子只干三件大事：给小孩儿念书、给活人盖房、给死人修墓，但大多家庭因经济困难只能让男孩儿念书，女孩儿留在家干农活儿。

“为什么女孩子就不能通过读书改变命运呢？”张景兰想。从那以后，她在心里种下了帮助贫困女童读书、走出大山的愿望。

回到合肥后，张景兰立即联系相关部门，为贫困女童募捐学费，资助贫困女童读书成了她生活中最大的一件事。为了能帮助更多人，她发动身边的人献出爱心。省人大常委会的老领导和在任领导们纷纷慷慨解囊，每人帮扶几名失学女童，资助她们上学，并开展“心系绩溪困难学童帮扶行动”，在她的感染下，加入爱心帮扶队伍的人也越来越多。

2008年，张景兰从机关工会主席岗位上退休，仍没有卸下肩头的担子。为了有能力帮助更多女童，她走上街头成了一名“拾荒老太”，并将每天卖废品的收入攒起来继续她的爱心之旅。

事实上，退休后的张景兰经济并不富裕。每个月退休金拿到手近4000元钱，但还房贷就要花去2500元。此外，她每个月还要支出千余元钱赡养88岁的老母亲，退休金剩不了几个钱。为了资助孩子读书，她省吃俭用，常常啃馒头就咸菜就是一顿饭，身体也一直不太好。

偶然一次，她发现自己居住的小区里，少数居民随手往地上扔矿泉水瓶，影响小区的整体形象，就主动在小区捡废品。起初，她是为了保护环境才走上了捡废品的道路，可几次卖废品的钱攒下来竟然也有近百元，这也是一笔收入啊！心系贫困女童的张景兰当时就萌发了“拾荒”资助孩子们的想法。

此后，每天天蒙蒙亮，芜湖路附近就会出现一位老奶奶，一边走，一边仔细地在路边收捡废品。

一个处级退休干部，犯得着去捡废品吗？周围很多人质疑张景兰的拾荒行为。她没有在乎过这些闲言碎语，也没有在意过自己的面子。“靠这个，我一年起码能多资助几个孩子，干吗不去做呢？我不能卸下肩头的担子，多资助一个女童读书就可能改变她一生的命运。”张景兰说。

2012年夏天，张景兰在省城百脑汇附近拾塑料瓶时，不慎从手扶电梯上摔下，导致左手手腕骨折。其实，早在1972年，张景兰就曾经在工作中不慎摔伤右腿膝盖部位，导致陈旧性骨折和右腿肌肉萎缩，落下了终身残疾。40多年过去了，老人当年受伤的右腿部位，仍有很明显的后遗症，不仅比左腿细了一大截，而且走路走得多了，或者遇到降温、潮湿等天气时，右腿膝盖都酸胀得很。即便如此，身体上的伤痛也从未阻挡过张景兰“拾荒”助学的道路。

在拾荒的路上，张景兰因劳累多次险些晕倒。每天来回走26站路拾荒，从来不舍得买一瓶矿泉水。每月除了给老母亲寄生活费，张景兰自己只留下饭钱，其余的全都用来资助贫困学生。老母亲特别理解她，每个月都将生活费省下来寄回给张景兰，她则继续用这些钱资助孩子。

百脑汇电脑商城的员工们得知张景兰的事迹后，深受感动，不少柜台自愿留饮料瓶给老人。一天下午，张景兰照例来到百脑汇，收集完388个空饮料瓶，打完包准备运回家时，已是晚上8点多。外面暴雨倾盆，积水很深，车根本走不了，商场又已经关门了。没办法，张景兰只能将这些饮料瓶堆在屋檐下，她自己则伏在瓶子堆上枯坐一夜，偶尔困了，就趴在旁边小憩一会儿。第二天早晨，雨停了，老人才将这388个饮料瓶搬回了家。

左手手腕受伤后，张景兰仍不忘公益事业，她应邀前往蜀山监狱给狱中服刑犯人进行演讲。演讲中，张景兰以自己多年来的所作所为为例，为几百名服刑人员讲述一个女人对于良知、奉献的理解。事后，张景兰又委托监狱管理方，请求他们统计家庭困难的服刑人员名单，帮助他们的子女读书。

两个月后，她再赴蜀山监狱，带去“加班”凑齐的5000元钱，托付监狱管教，将这些钱寄到10名家境困难、子女无钱上学的服刑人员家里。这5000元并不是50张百元大钞，而是很多零钱，其中不乏1角硬币。这些钱都是张景兰捡废品换来的。为了凑够这5000元，早日兑现承诺，张景兰每天都额外增加工作量，跑的地方也更多了。

“从嘴上省一点儿，不吃鱼和肉；从腿上省一点儿，在合肥市内出行全部步行不乘公交车；从穿衣上省一点儿，退休后不买新衣服，一切为了圆孩子们的梦。”多年来，张景兰就是这样近乎苛刻地要求自己，一条裤子缝缝补补穿了14年，捐助的学生数量却越来越多。

张景兰的事迹在不少媒体上被竞相传颂，但她每天的生活却没有发生什么变化。她的心依然那么平静，依然忙到深夜才休息，次日很早就起床，去住所附近马路边拾荒，背着跟了自己十多年补满补丁的破包，里面装着用来捆废品的绳索。她的家里连常见的家电都没有，有的只是捡来的旧书报、废纸盒，一捆捆、一摞摞，堆满每个房间。此外，还有一个宝贝纸盒，盒子里是200多名受资助学生写来的信。

受张景兰资助的贫困学生，有的已走向社会参加了工作，有的正在读大学，还有的读了研究生，更多的则在上高中、初中，还有一部分留守儿童在上小学。

“我要竭尽全力去帮助更多的孩子背上书包，走进课堂。我所做的一切是应该做的，是微不足道的。但我希望有更多的好心人献出爱心，让更多孩子不因贫失学，通过努力改变自己的人生。”张景兰坚守着自己平淡却伟大的生活，继续前行在奉献爱心、资助学子的路上，而她的道德魅力，正在感化着无数人。

好人365 编辑感言

一条裤子缝缝补补穿了14年，家中没有像样的电器，一日三餐仅靠馒头就咸菜果腹……“拾荒主席”张景兰在物质上对自己极尽苛刻，却捐助了560多名素昧平生的孩子。善者默默行善，并非为了求取利益，只是那些弱者的贫寒无力触痛了她的心；无私者孜孜以求帮助他人，并不是为了博取声名，只是宽广的胸怀更能带来精神上的满足。张景兰为了生命价值的实现，放弃不必要的物质享受，实现内心

的快乐与平衡，传递纯粹的美好和社会正能量。她的道德魅力，正在感化着无数人。（孙　茜）

好人365 网友点赞

石嘴山牛丹丹：置自己的面子于不顾的张景兰，用“拾荒”的方式获得收入，圆孩子们的求学梦，此举可歌可泣，感人至深。

lily ark：人民的好公仆，孩子的好奶奶。

海沧文化：为永不退休的好人精神点赞！

写邮件　草稿箱　已发送

收件人　haoren365@wenming.cn

主　题　心语

正　文

发　送

中国文明网
www.wenming.cn

女警官的十五本大事记

心无私欲，自然会刚；心无邪曲，自然会正。

——**陆陇其**

女警官伍颖芳的15本大事记，记的都是接待办理群众需求的“小事”。她认真处理每一项工作，亲切接待每一位群众；她坚持原则，不为权力、金钱所动；她不辞劳苦，帮贫扶困，将爱和希望传递四方。

新疆哈密地区公安局车管所所长伍颖芳是个湘妹子，1996年在新疆财经学院求学，2000年大学毕业时响应“西部大开发”的号召，作为优秀大学生被选拔到哈密地区公安局工作，2009年6月担任哈密地区公安局交警支队车辆管理所所长，今年38岁，已扎根新疆15年。

车管所这个行业是一个窗口单位，每天来办理业务的群众络绎不绝。伍颖芳深知，凡是找到她的群众，多数都带着“难题”。面对不同的群众，不管再忙再累，她总能做到耐心、细致。对于能当场解决的问题，她都不会拖到第二天；对于不能当场及时回复的问题，她则将问题一一记录下来，等情况调查清楚，有了解决方案，再逐一通知当事人，减少群众往返车管所的次数。“这个所长太客气、太有耐心了！”这也成为车管所大厅过往群众交谈最多的内容之一。

2009年6月，伍颖芳从任车管所所长第一天开始就进到业务大厅，她一个岗位一个岗位地熟悉岗位职责，一项一项地熟悉业务流程，短短两三个月时间，她就从对车辆知识一无所知的“门外汉”成为了接待群众时对答如流的“车管专家”。

随着人们生活水平的日益提高，购买私家车的人数连年上升。在新疆哈密地区，非法中介侵害群众利益的现象时有发生，为了改变很多人一提到车管所就与“代办”“黄牛”联系起来的现状，伍颖芳上任后，加大了对非法代办的治理力度，将车管代办的治理工作纳入对工作人员的绩效考核范围。

她给自己定了一个原则——有问题与群众面对面解决，不让“代办”进办公室，不给“代办”有丝毫可乘之机。

一位认识多年的朋友频繁出现在车管大厅，伍颖芳看在眼中，记在心里。一天，这位朋友来到伍颖芳办公室咨询一个车管业务。伍颖芳问他最近忙什么，他说下岗后，在做“代办”。伍颖芳听完此话，对他说：“我是车管所所长，你是‘代办’，你是靠帮人办车管业务赚钱，我们没法儿再做朋友了，我和‘代办’交朋友，就会远离办事群众，请你以后不要再进我的办公室了。只要我当一天所长，你做一天‘代办’，我们就当从没认识过。我要求所里的人不准和‘代办’交往，我自己更要带头做到。”听到伍颖芳说得这么“绝情”，朋友当即甩门而去。

伍颖芳不仅自己将“代办”拒之门外，当有同事、朋友找她办事，被她发现是“代办”之托的，她一样拒绝，不给面子。

一次，一个人带着领导的“便签”找到了伍颖芳，声称只要能让他公司的几百辆车不外检、不上线，顺利通过年检，取得安全检验合格标志，就给车管所10万元“赞助费”。

看到领导的“便签”，听到“赞助费”，伍颖芳不为所动，当即严词拒绝。

还有一次是昔日的一位老领导找到伍颖芳称，他家2007年买了4辆大型货车，发票早开了但一直没落户，现在申请给车辆落户。

在审核手续时，伍颖芳发现这4辆车的购车发票背面打印痕迹不正常，说出疑虑时，这位老领导很不高兴地说："发票要有问题的话，税务局的购置税就不可能买上……"

面对心中的疑虑，伍颖芳坚持核实完发票后再处理。在与国税局征稽大厅工作人员联系后得知，车主是拿着不同的购车发票到国税、车管部门办理业务的。

当伍颖芳将调查结果反馈给这位老领导时，他无话可说了。最终，伍颖芳不徇私情，将这4辆车拒绝在了车管所受理窗口之外。

针对审车排长队、办理车管业务难等群众反映的焦点问题，伍颖芳一方面加强对工作人员的培训，提高业务素质；另一方面在车管所内提倡"微笑服务"，安抚办事群众的情绪。"因为人在微笑的时候表情是最好的，双方沟通起来也是最容易的。"伍颖芳微笑

着说。

2013年3月26日，在车管业务大厅里，有一位怀抱婴儿的妇女在人群中抹泪。伍颖芳看到这一幕，心头一阵酸楚，便走过去询问缘由。

原来，这位叫古丽的女子是来参加驾驶证注销恢复考试的，这种情况要参加科目一考试，合格后才能恢复驾驶资格，可当她得知当天不能参加考试时，急得哭了。

在交谈中，伍颖芳得知古丽家中有三个孩子，最大的12岁，最小的刚满1岁，还是双胞胎，丈夫的离家出走使得她无依无靠。那天，她让12岁的大女儿向学校请假在家里带另一个小孩儿，这才抽出时间到车管所来办事的。了解情况后，伍颖芳马上帮古丽预约考试。然后，帮着古丽照看刚满1岁的孩子。一个小时后，古丽顺利地通过了考试，恢复了驾驶资格。在拿到驾驶证的一瞬间，古丽眼角闪烁着泪花……

一次儿童节前，哈密地区公安局收到一名学生的感谢信。信中提到，要感谢他的“警察妈妈”伍颖芳，表示一定要好好学习，长大了成为像“伍妈妈”那样的好人。

原来，写信的人是伍颖芳在2009年一次党员进社区活动中认下的“干儿子”。当时，家住安全路的魏小霞，在孩子一岁时丈夫就去世了，她独自一人带着儿子生活，由于多种疾病缠身加之身有残疾，家境十分困难，她感觉生活无望，甚至几次产生过轻生的想法。

伍颖芳把魏小霞作为自己的帮扶对象，联系社区和相关部门为魏小霞办理了低保手续并申请了廉租房。每逢过节，伍颖芳都会带物品看望魏小霞母子。一次听魏小霞无意中提到儿子从来没有穿过一双新鞋子，几天后，细心的伍颖芳就将新买的衣服、鞋子送到了她的家。魏小霞年仅10岁的儿子看到了新衣新鞋，感动得不知道该说什么好，这才写信给地区公安局，对伍颖芳多年来的帮助表示感谢。

在伍颖芳的办公桌上，有一个封皮上写着“车辆管理所大事记”的黑皮本子，说是大事记，其实里面记录的都是接待群众的“小事”。随手翻开一页，看到一条内容如此写道：“接待内容：2013年4月10日，乌市的王某到哈密市车管所换证被告知驾驶证姓名与身份证不一致，要求本人提供姓名变更证明，但本人未曾改过名。处理意见：核查档案。处理结果：1. 经查，姓名的错误系工作人员录入错误造成，要求窗口立即更正。2. 通报各窗口并要求工作人员加强工作责任心，避免工作失误。”6年来，伍颖芳的“车辆管理所大事记”已经用了15本，每本都写得密密麻麻，记的都是服务群众的民心账。

在哈密，很多人没见过伍颖芳，但是熟悉伍颖芳的声音，因为她是哈密电台《交通直播间》《哈广行风热线》等媒体节目的常客。每当有新政策出台，每当有老百姓关注的热点问题出现，电波里就会传出伍颖芳细致的解说。还有听众专门给电台打热线电话说：“谢谢，伍颖芳真是个热心人，车管所有了她这样的工作人员才更美！”在伍颖芳的带领下，哈密地区车管所被自治区纠风办评为“自治区级行风建设示范窗口单位”，2013年被哈密地区授予“巾帼文明岗”“城乡妇女岗位建功竞赛活动先进集体”等荣誉称号。

编辑感言

伍颖芳扎根新疆基层工作15年，用自己的实际行动，诠释了一名优秀共产党员心系民众、全心全意为人民服务的高尚品质。在群众眼里，她秉公执法，热情细心地接待每一个需要帮助的人。在她眼里，只有倾听民意，才能做到从面对面交流到心贴心服务。如何竭尽全力为百姓谋福祉？常怀公正心、做事有恒心、对人有耐心、服务用真心，一个始终面带笑容的女所长给出了答案。（赵　洋）

网友点赞

浙江网友：情系平凡岗，尽显巾帼风。

河南网友：她无私正直，维护内心的公平正义，践行了一名共产党员的职责。

同桌的你

友谊是天地间最可贵的东西，深挚的友谊是人生最大的一种安慰。

——邹韬奋

“我有这样的好同桌！”这一声感叹，让人动容。做一件、做一天好事容易，难的是日复一日地做好事。三门峡市的高中生李鸿坤，照顾患病不能行走的同桌小刘，背他上下学，一背就是7年。

河南省三门峡市“90后”阳光大男孩儿李鸿坤，个子高挑，略显消瘦，腼腆中透着一股子机灵劲儿。李鸿坤和刘同宇在幼儿园时便是同班同学，因为父母是同事，所以两人从小就在一起玩耍，关系特别要好。小学时，他们在同一个班级。刚上一年级时，刘同宇的腿还是好好的。可是后来，刘同宇失去了奔跑的自由——他被确诊为进行性肌营养不良症，肌肉萎缩导致他四肢无力，无法自由活动，而且病情越来越严重。小学三年级时，刘同宇开始坐轮椅。

医生说，这是一种不治之症，俗称“面条肌”或“渐冻人”。这个消息让刘同宇家犹如塌了半边天。他的父亲向单位请长假，带上儿子奔向全国各地的大医院寻求诊治方法，可是走遍全国都无功而返。

患病前，刘同宇与同学们十分合得来，也时常在一起玩耍。患病后，刘同宇便很少与人交流，时常独自一人坐在教室中发呆。个别同学觉得他是个残疾人，遇事总躲着他，很少主动与刘同宇交流。而李鸿坤却不这样，他照样和刘同宇一起学习、一起嬉闹。刘同宇心情不好时，李鸿坤就耐心开导他。

那时，刘家经济负担重，爸爸选择去外地务工，妈妈上班时，刘同宇就一人在家，这时候，李鸿坤就去主动照顾刘同宇，刘同宇的脸上渐渐露出了笑容。

刘同宇的母亲个子不高，每天要背着刘同宇上下楼。当时，刘同宇大约有45公斤重了。李鸿坤为减轻刘同宇妈妈的负担，就在她背起刘同宇的时候，从后面托着刘同宇。但是，随着年龄的增长，刘同宇的体重也在不断增加，这方法不管用了。他的父母表达出了万一接送不动刘同宇的担心。李鸿坤自告奋勇对刘同宇的父母说：“你们老了还有我呢，我会带着同宇一起上学，因为我们是好兄弟，我会帮助他实现他的读书梦。”刘同宇的母亲曾问过李鸿坤为什么这样做。李鸿坤这样回答：“我不想看到他伤心，我想帮助他，我想让他快乐，因为我们是好兄弟！”

转眼间，两人上了初中。因为户口所在地的原因，李鸿坤到三门峡市第三中学就读，而刘同宇则到三门峡市第四中学就读。这三年，两人虽然没在一起上学，但是他们的心始终是连在一起的。李鸿坤一有时间便会跑到刘同宇家，和他讨论学习，和他玩儿，有时也会去学校看望刘同宇，聊聊学习情况，调整一下刘同宇的情绪。两个人就这

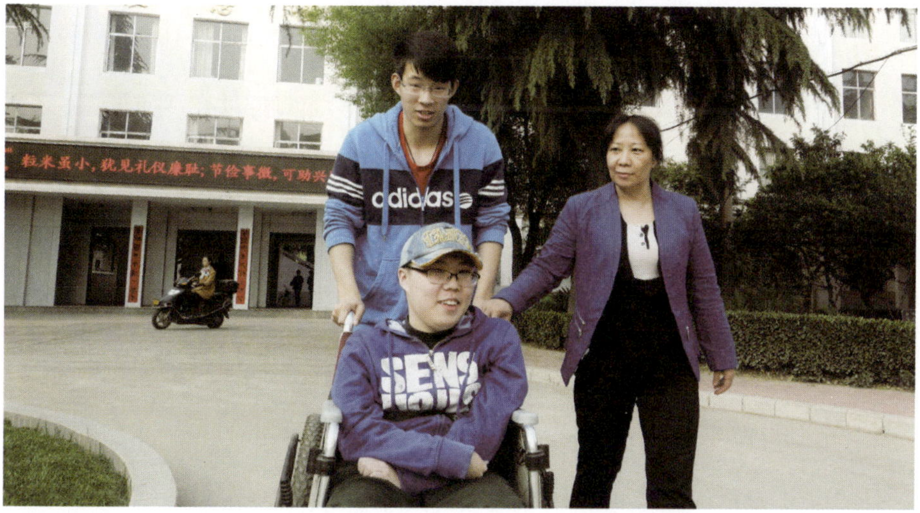

么度过了三年的初中时光。

2011年，两人都以优异的成绩考上了三门峡市第一中学。为了和李鸿坤一起学习，刘同宇放弃了进入宏志班的机会，转到了普通班。班主任知道原因后，立即将两人的座位调在一起。上高中近三年来，李鸿坤是刘同宇“永远的同桌”。随着刘同宇的病情越来越重，身体状况每况愈下，李鸿坤帮助刘同宇的难度也越来越大。

为了方便刘同宇上下楼，李鸿坤一直陪着刘同宇坐在教室门口的位置。遇到刘同宇请假去治病时，他就更加认真地记好随堂笔记。疾病让刘同宇落下了越来越多的功课，但是他不担心，因为他知道一回到学校，李鸿坤就拿出笔记，帮他补课。

在学校里，因为身体多有不便，刘同宇轻易不上厕所，憋不住了，就拿矿泉水瓶解决问题。李鸿坤没有嫌弃刘同宇，每当刘同宇用矿泉水瓶解决完小便的时候，李鸿坤总是毫不犹豫地将瓶子拿到厕所倒掉，并用清水冲洗干净。刘同宇闹肚子，李鸿坤就将刘同宇背到轮椅上，推进厕所。厕所中有个刘同宇专用的坐便器，李鸿坤将刘同宇放上去后，帮他脱下裤子，待刘同宇方便完后，再帮他擦干净。这种照料，日复一日，年复一年。

因为疾病的原因，刘同宇的胳膊没有力气，翻书、拿笔、写作业都很困难，李鸿坤主动承担帮助他的任务。上课时，他和刘同宇看同一本书，为他翻页；刘同宇需要笔时，他立刻递上去；每次考试，他总是先把刘同宇背进考场，安置好再走；学校举行的70里远足拉练，李鸿坤硬是和同学们一起用轮椅把刘同宇推到黄河大坝，又推回学校……刘同宇的成绩一直很好：班级能考进前3名，年级能考进前40名，最好的一次考过年级第2名。

2014年，喜讯传来，李鸿坤和刘同宇两人双双考上大学，可又因为他们考上的大学不同，分别在即。“就算人不在一起，心也会永远在一起，因为我们是不离不弃的好兄弟！”李鸿坤说，“我相信这个社会人心都不冷漠，相信在大学里刘同宇能遇到更多愿意伸出援助之手的‘好同桌’。”

果然，刘同宇所在的洛阳师范学院组织成立“爱心互助小组”，照顾刘同宇的生活，帮助刘同宇的学业。廉志超是互助小组的负责人，他就住在刘同宇宿舍的二楼。刘同宇到学校报到的第一天，他认真地对刘同宇说：“我们不但要做你的‘好同桌’，还要当你的‘好室友’”。同宇妈妈刘秋兰感慨地说，有这么多师生帮助，除了感动，她对孩子的未来也充满了信心。

这一切，让在武汉体育学院求学的李鸿坤终于放下心来。现在，李鸿坤时常通过电话和网络与刘同宇联系，交流思想，探讨成长。这个动人的故事，还在不断延续；这种美好的精神，必将继续传承。

好人365 编辑感言

他们的故事从小学开始，一个无私助人并信守承诺，一个身患疾病却自强乐观，两个人同圆大学梦，两个人的故事都充满正能量！任何道德启蒙教育都比不上生活考卷来得生动和深刻，两位“90后”阳光少年，不但交出了喜人的高考答卷，也给人们上了难忘的一课。看过李鸿坤和刘同宇的同窗故事，更激励人们要像“中国好同桌”那样，充满诚意地伸出援手，用长年不衰的真情，去温暖身边的“渐冻人”，去帮助身边需要帮助的人！（邓植尹）

好人365 网友点赞

宁夏网友：七年如一日，用自己稚嫩的脊背支撑起了残疾同桌的读书梦。好同学，好样儿的，向你致敬！

写邮件　草稿箱　已发送

收件人 haoren365@wenming.cn

主　题 心语

正　文

发　送

中国文明网
www.wenming.cn

七旬『愚公』郭长顺

不积跬步，无以至千里。

——荀　子

一位七旬老人，一位普普通通的农民，义务修路近20年，不管骄阳烈日，不论雨雪交加，弓着腰，弯着腿，推着独轮小车，捡拾砖头瓦块。他就是山东省济宁市金乡县郭洼村的农民爷爷郭长顺。

他略微有些驼背，大热天里戴着草帽，推着三轮车拉砖头，弯着腰修补道路。

他略微有些腼腆，谈起义务修路的初衷，总是低调地说："反正闲着也是闲着，我就试着把这些坑补一补，村民走着不仅安全也舒坦。"

他就是郭长顺，山东省济宁市金乡县郭洼村的一名普通村民。年过七旬的他无论寒冬酷暑，长年坚持为群众义务补路，他满手的老茧向人们讲述着一个平凡老人的不平凡故事。

20多年前，郭洼村的大街小巷还没有硬化，道路坑坑洼洼，难以行走。特别是雨雪天过后，道路更是泥泞不堪，老人们经常会摔伤。孩子们上学放学，都得有大人接送才行。村民出门如此不方便，郭长顺看在眼里急在心上，于是他萌生了修路的念头。他说："不能让老人小孩儿作难，得把路垫一垫了。"

20世纪80年代，郭洼村通向宋楼村的村级公路建成通车，长约1.5公里。虽然有了公路，但是一些大卡车经常在这条路上经过，公路受损严重，大小坑洼不断，村民出行难的问题依然得不到有效的解决。这样的情况更是坚定了郭长顺的决心。1996年，为了方便村民通行，郭长顺开始了他义务修路的历程，而这一修就是近20年。

从下定决心修村路的那天起，郭长顺一有空就推着整车的小石子儿、碎砖头，哪里有坑补哪里。修路其实并不容易。郭长顺说，刚开始修路的时候所用的材料多是从路边、沟里捡的一些碎砖头、砂石，后来就在路边的一些建筑工地捡一些建筑废料，有时他也会从平时积攒的零花钱中拿出一些购买水泥，那样填补的路面更结实。这些年，郭长顺用坏了10余把铁锨，从地排车到手推三轮车，再到电动三轮车，老茧长满了他的双手。老人说，前些年，村里建筑垃圾多的时候，他常常要推着一辆三轮车，把碎砖头一块块搬上去。“这几年村里干净了，我有时候提个编织袋都装不满。农村生活环境越来越好，我心里也舒服。”

“哪里路不平，哪里就有他。”熟悉郭长顺老人的村民感慨地说。这些年郭大爷修路修出了感情，只要补不完那些坑洼路他就睡不着，而平整完路面回家时，老人都会忍不住欢喜地哼着小曲，高兴得像个孩子。

如今，郭大爷70多岁了，仍在修修补补。熟悉他的乡亲们，都竖起大拇指，称他为现代版的“愚公”。

每填好一个坑，整平一段路，看着行人安全顺畅地通过，老人脸上都会洋溢起满足的笑容。其实，在老人满足的笑容背后，隐藏着艰辛的汗水。据他的儿女讲，夏天，老人顶着骄阳干活儿累得汗流浃背，衣服湿了又干、干了又湿；冬天，雪一停，他就扛着锄头和铁锨来到路上，顶着刺骨的寒风，挥动铁锨铲雪，时间长了，手和脸都冻得红红的……“我们当子女的看着心疼，刚开始没少劝他，但他就是不肯停手，想到修路也是好事，方便了群众，就随了他了。有时趁着手头没活儿就过来帮忙，也能让他少受点儿苦。”

“记得刚开始补路时，村里一些人很不理解，也经常有人说我傻。闺女儿子也担心路上车多，补路不安全，让我别补了，好好在家享清福，少管闲事，但在我眼里，这都不算什么。除了卧病在床，我几乎每天都要出去补路，早出晚归。”郭长顺笑着说，现在他的身体还很硬朗，丝毫没感觉到老，因此他还想用这身子骨再修几年路。“我就是想给大家做点儿贡献，因为没大学问、没啥技术，所以就想到了修路。以后也是，只要有需要，只要我还行，我都会坚持干下去，让路人减少麻烦，让大家走得舒服，走得安全。”在老人的话里，我们听到了朴实，更看到了坚持。然而也正是他的这种朴实与坚持，才让他的事迹更显得真实和感人。

时间长了，看到村边的道路平整了、好走了，家人和村民都享受到了老人修路为大家带来的种种好处，大家伙儿不仅理解了他，还帮着他一起修路。原先不支持他修路的儿女和他一起干活儿，就连原先一些不理解他的村民也被老人的义举所感动，纷纷加入到了修路的行列中。

在民风淳朴的郭洼村，如今只要说起郭长顺，乡亲们言谈间无不充满对他的尊敬和爱戴，夸他是个“大好人”，是个“活雷锋”。“从以前坑坑洼洼的泥巴路到被大车破损的水泥路，老郭一修就是20年，就没见他闲下来过。”一位村干部说，“这两年评先进、评模范，每回都是他得票最多。他做了好事不说，大家伙儿可都记在心上。现在，俺村都向他学习，互帮互助做公益的人越来越多啦！”

好人365 编辑感言

不管是寒冬腊月还是骄阳酷暑，都没能阻挡郭长顺老人修路的步伐。他不计名不计利，几十年如一日用自己的劳动创造着价值。他的坚持和无私奉献，让人们看到了一种高尚的品格、一种坚持的境界。而他的善心善举也为村民树起了标杆，传递着向善的力量，带动着乡村的文明风气，汇聚成乡村的最美风景。（张智萍）

好人365 网友点赞

一羽微澜：一点一滴造福乡亲，为郭长顺点赞！

晋城能豆儿妈：郭长顺老人您好棒，愿您一生平安！

环游世界梦：一个平凡老人的不平凡故事。

『作家书屋』书香浓

人生须知负责任的苦处，才能知道尽责任的乐趣。

——梁启超

“我是一介书生，无权无钱，没法儿给家乡更多经济的帮助，但我知道农村需要文化。”靠着吃“百家饭”长大的金兴安，从小就立下了长大后报答乡亲们的誓言。退休后，他说服了老伴儿和孩子，捐出自己几千册的藏书和多年积攒的数万元稿费……

11年间，他从省城合肥往返定远县蒋集镇近150次，一砖一瓦建造了六间宽敞明亮的农家书屋，累计为当地乡亲送去图书4万余册。11年来，这个位于定远、肥东、长丰三县交界的穷乡僻壤，不断飞出北大、清华高等学府的“金凤凰”，当地村民通过科技种田养殖，走上致富幸福路。已经67岁的金兴安，用满腔心血为落后的偏远乡村送去知识的甘霖。问及他的初衷，他说因为一直心怀感恩之情。

“书屋办在家门口，一有空闲去遛遛，读读书、看看报，一分钱都不要。”这句顺口溜在安徽定远县蒋集镇广为流传。村民口中的农家书屋叫“作家书屋”，那里成了养殖、种植大户的“技校”，老师、学生们的图书馆，全镇人的精神文化生活乐园。说起这个书屋，不能不提它的创始人——原安徽出版集团编审、专家委员会副主任委员金兴安。

金兴安的老家在定远县蒋集镇。1960年，刚上小学二年级的金兴安突遭重大人生变故，父母双双离世，他孤苦伶仃、衣食无着。“虽然乡亲们都吃不饱，但大家没有遗弃我，反而更加关爱我。东家大婶送碗粥，西家大叔送碗汤……可以说我是靠着吃‘百家饭’活下来的。”正是这样的生活经历，从小时候起，金兴安就立下了长大后报答乡亲们的誓言。

通过自己的努力，金兴安后来成为一名资深编辑，还是一名知名作家，事业有成。“他自学成才，却不忘家乡父老。每逢过年过节，他都找机会给村里的困难老人送钱送物；坐车遇到村里老人同车时，就替他们买票。”2004年，退休后的金兴安一直在寻找报答家乡的机会，却苦苦找不到合适的方式。一次回老家时，金兴安走在家乡的集镇上，发现街上饭店和商店林立，却连一家书店也没有。全镇近2000名中小学生几乎没有课外读物，而乡亲们除了晒太阳就是打麻将。这些场景深深触动了金兴安，他由此萌生了为家乡创办“农家书屋”的念头。

说干就干。2004年7月，说服了老伴儿和孩子，金兴安把自己几千册的藏书和多年积攒的数万元稿费全部捐出来。2004年9月，书屋建设正式启动。从选址、设计到建设，甚至一块砖、一片瓦，都是金兴安亲自采购的。

2005年10月28日，金兴安毕生难忘。这一天，由金兴安提议并赠书捐资在家乡创办的安徽省第一个农家书屋建成并正式开馆，金兴安为之取名“作家书屋”。

穷乡村里有了作家书屋，昔日安静的小乡村顿时沸腾起来，背着书包兴高采烈的学生们、成群结队的家乡父老涌向书屋。

2006年春节后，金兴安来到作家书屋，看到借阅书籍的多是学生和老师，很少见到当地的农民。询问管理员，得知农村年轻人多外出务工，留守家里的老人大多不识字。金兴安再次萌生了建设“农民阅览室”的想法，让不识字的农民可以观看电视光盘，学习农业技术。

为此，金兴安推迟儿子的婚期，动用了家里留给儿子结婚装修的

2.3万元钱。当年合肥大拆违章建筑，金兴安和家人挤公交车跑到合肥市周边旧货摊购买拆违后的建材，雇用汽车一趟趟运往蒋集，终于建成了两间带有走廊的农民阅览室。

“若有天堂，必是图书馆的模样。我何其有幸，在故乡漫山遍野的春天里，触摸过天堂。”这是蒋集中学走出来的清华大学研究生谢亚男在日记里写下的一句话。

在蒋集中学读初中的三年时间里，谢亚男是作家书屋的常客。每天课余时间，谢亚男基本都是在作家书屋度过的。书屋建成之初藏书并不多，但是对于十几岁的孩子来说，却是一笔莫大的财富，让这个未曾出过远门的孩子在书中慢慢知道远方有漫漫黄沙的大漠、一望无际的草原、小桥流水的江南。

少年时代的谢亚男立下志向，往远方走，去看书中的高山、河流，去看没有看到过的地方。2009年，谢亚男以全县文科第二名的优异成绩考取了中央财经大学，后来又考上了清华大学的研究生。

薛飞，北京大学2012级本科生。虽然他来自一个几乎没人听说过的偏僻小镇——安徽省定远县蒋集，可聊起《纳兰词》《三国志》和《农业百科全书》，他如数家珍。在室友们好奇的目光下，他讲起了金兴安和作家书屋的故事。

那里，是薛飞中学时代最爱去的地方，徽式建筑屋顶，北边有一个小池塘，周围满是竹子，屋内摆满了书架，架子上摆满了书籍，门口那一排木凳，承载了读书人多少时光。“每周五是借书还书的日子，一下课，大家都会争分夺秒地跑到书屋，去借自己想要的书。”读书的岁月在薛飞脑海中一直记忆犹新，正是在那里，他爱上阅读，爱上知识，最终走进了北大。

受益的不仅是学生，还有渴望科技致富的农民。2005年开馆那天，乡亲们成群结队来到作家书屋，用粗糙的双手捧起书本，眼神里流露出的对知识的渴望，深深打动了金兴安。

金兴安搭建的农民阅览室里有两台电视和两台电脑，农民们在那里可以看科技光盘或者上网查阅相关资料。

如今已经是当地农民致富带头人的熊传运种植葡萄300多亩，去年进入丰产期的50亩，每亩纯收入超过万元。“是金老师带我走上了致富路。”熊传运告诉大家。

2004年，熊传运投资3万元，在家挖塘养鱼，由于缺乏技术和经验，死鱼的情况经常发生。作家书屋开馆后，熊传运借来几本养鱼方面的书认真研究，一个星期后，死鱼的问题基本得到解决。近年来，为了配合当地战略调整，熊传运从养鱼转型为葡萄种植，并且成立了专门合作社。书屋帮了熊传运的大忙，他有关葡萄种植的技术几乎都是从作家书屋学来的。

十年栉风沐雨，这个建在田间地头的作家书屋，成了安徽省农家书屋的范本，不仅书籍门类多了，册数也从当初的不到2万册发展到如今的4万册，而这些书都是金兴安四处“化缘”而来的。金兴安退休前在安徽出版集团工作，擅长写作的他又是中国作家协会会员。利用自己的社会关系，金兴安一直在为书屋争取更多的社会捐助。不仅在蒋集镇，金兴安创办农家书屋在社会上也引起了强烈反响，并得到各界的大力支持。著名作家、中国作协名誉主席王蒙为书屋题词——“读书好”；著名作家、中华文学基金会会长张锲先生专程赶到蒋集，捐赠价值12万元的6000册图书；中国作协副主席金炳华捐赠其25套获奖小说精选，中国作家协会捐书6000册；安徽省委宣传部、安徽出版集团多次向书屋捐赠图书；省市县的新老领导和全国各地的作家、艺术家也纷纷寄来了作品和藏书……

金兴安就是这样一直坚持着为书屋的运作和发展四处奔波。虽然这期间也有波折，甚至还有猜忌，但金兴安觉得，不管别人说什么，时间会证明一切。

在作家书屋的门口有一本登记册，学生或者村民有想看的书，就会把书名登记在册子上。这样，金兴安每个月来收集一次，回省城合肥后，再开始“化缘”之路。

“为乡亲们建书屋这条路我会一直走下去，直到有一天我再也干不动了。”年过花甲、头发斑白的金兴安内心依然涌动着感恩的源泉。

编辑感言

农村需要文化，农民更需要文化。金兴安捐建书屋将最宝贵的精神食粮奉献给农村，滋养了乡邻，这种反哺是充满感恩的大爱。他的一个举动改变了很多人的命运，一介书生的力量感动乡里。“书籍是人类进步的阶梯”，金兴安成为了阶梯的搭建者，希望未来有更多的人能够成为搭建阶梯的人！（王德伟）

网友点赞

宁夏网友：图书给了每一个孩子进步的机会，为“作家书屋”和金兴安点赞！

津门小明星热衷大公益

艺术应当担负起哺育思想的责任。

——［英］罗伯特·勃朗宁

陈昊曾是一名军人，他退伍不褪色，仍然把自己看作一名战士；他又是中国相声第八代传人，作为文化服务志愿者，他利用业余时间参加各种公益演出。

上过电视、登过舞台、会说相声、能搞创作……陈昊，在天津滨海新区也算得上小有名气。如今，陈昊的特长和充满大爱的公益紧密地结合在了一起，让他成了一个闲不住的人，一个热心人。有过军营大熔炉的锤炼，受过军营大课堂的洗礼，陈昊对自己有一个承诺：虽然不再穿军装，但要永葆一颗战士火红火热的心。从第一次无偿献血到后来全身心投入到助人为乐的活动，救死扶危、传播禁毒知识、学雷锋志愿服务……公益行动早已成为他生活中的一部分。2013年，他作为文化服务志愿者，又拍起了微电影，在禁毒微电影《泪》中担当编剧、统筹和演员，开启了多年公益事业的新篇章。当媒体争相刊载和播出他的故事的时候，陈昊只是微笑着说："我这样做，只是为了对得起自己这颗心。"

1978年，在北京房山燕化居民小区，8岁的陈昊抱着"话匣子"听长篇单口相声《金殿斗智》，听完了，他跑到妈妈跟前，哭着说："我要回天津、回家，我要学说相声……"望着痴迷于相声的儿子，妈妈哭笑不得。就这样，经过艰苦的训练，"小把戏"还真成了气候，玩儿出了名堂。陈昊从空军退役后，回到故乡，在天津石化炼油部机修车间当了一名普通员工。工作之余，他拜师学相声。

生活中，陈昊有一颗充满大爱的心。

1994年的一个夏夜，突然传来一声很急促的急刹车的声音，陈昊顺窗户往下看，路灯旁围着一群人，路边还倒着一辆摩托车，他心想可能出车祸了。陈昊快速奔下楼，来到人群中，看见两个人倒在马路边，其中一个人有很多血顺着耳朵流了下来。陈昊的第一反应就是救人，他高声向人群喊道："谁来帮我救人？"喊了几声没人回应，又过了一阵，人群中有人问："出了事谁负责？"陈昊沉默了几秒钟，答道："我负责！"这时一位穿白背心、黑短裤的青年人挤了出来，同陈昊一起把两名伤员送进了医院的急诊室，医生对伤员进行了及时的检查和救治。

2013年2月24日早上，陈昊驱车去塘沽，看见公路上趴着一位老人，当时车流并不密集，但这样也是很危险的。陈昊迅速把车停到一边，走近一看，只见老人满脸是血，眼镜也摔破了，脸色发白，还一个劲儿地踹腿想挣扎着起来。陈昊跑到老人跟前，蹲下身问："大爷，您有心脏病吗？"老人说："我没有心脏病，跑步跑急了就摔了。"陈昊慢慢地把老人搀扶起来，先打了110报警，又给老人家里打了电话通知家人快点儿赶过来。很快官港派出所的民警赶到了，陈昊把老人交给民警，看着老人坐上了警车才离开。

朋友说："陈昊你胆儿真大，就不怕扶起的时候老人说是你撞的？"陈昊淡淡一笑："人都有老的一天，谁都有需要扶一把的时候。怕什么？举手之劳，不足挂齿。"

有了名气的陈昊比没出名以前更加从容、乐观。面对多年艰苦奋斗出来的成绩，他淡淡地说："我只是一名普通职工，相声和表演是我的业余爱好。通过参加各种文娱活动，我重新认识了生活，找到了自信，也逐渐理解了艺术的真正意义。"怀着一颗感恩的心，陈昊积极投身公益事业，协助天津市禁毒委员会宣传《禁毒法》，呼吁更多的人远离毒品，参与禁毒斗争，共建和谐社会。

2008年，陈昊参加了一场在青泊洼强戒所举行的禁毒帮教活动，演出间隙，陈昊与台下的观众握手互动，却看到了一双双充满了痛苦、无助、自卑的眼神。演出结束后，民警告诉他说："他们都是因吸毒而患上艾滋病的人。"走出强戒所，陈昊的心情久久不能平静，强戒人员的眼神深深地印在了他的脑海里，参加禁毒宣传的信念由此在他的心中点燃。随后，他主动找到公安相关部门，自荐成为禁毒义务宣传员。从此，陈昊便一次次走进戒毒机构开始了禁毒宣传，这一干就是六七年。

每年6月26日的国际禁毒日，陈昊总会跟随禁毒民警走上街头，摆放宣传牌，发放传单、宣传品。陈昊不厌其烦地为每一位路过的市民介绍禁毒知识、讲解毒品的危害，有时一整天连口水都顾不上喝，他说："时间宝贵，要尽可能地让更多的人了解禁毒的重要性。"陈昊还成立了一支"大港文艺禁毒宣传队"，以禁毒为题材创作相声、快板等作品，在社区、街道、村镇进行演出。

2013年，天津市举办了一场"禁毒宣传'我在行动'"禁毒公益视频创意大赛，陈昊参与制作了一个两分钟的视频短片，从林则徐虎门销烟讲到今天的毒品危害，最终获得了公益广告类优秀奖。这个比赛，让陈昊脑子里灵光一现："利用微电影不是正好可以让人们直观地感受到毒品的危害吗？"不久，恰逢国家禁毒办举办全国禁毒公益

微电影大赛，陈昊暗下决心，“我要抓住这个机会，把所学之长与禁毒宣传结合起来。”于是，陈昊找来自己身边文化艺术界的朋友，自筹资金开始了禁毒公益微电影《泪》的筹备拍摄。

微电影《泪》中的人物原型就是陈昊身边的一个才华横溢的乐队歌手。“眼睁睁地看着一个璀璨的生命毁在了毒品的手里，实在让人惋惜，拍这个微电影的目的就是不让类似的悲剧再发生。”陈昊与三个朋友一拍即合，仅用了7天时间，一个完整的剧本就成型了。时间十分紧迫，陈昊经历了不眠不休的3天3夜。最终，影片如期交到了天津市公安局禁毒总队，并被送到北京参加全国禁毒公益微电影大赛。后来，他带着获得提名奖的微电影《泪》走进大港实验中学、大港一中、海河教育园……

陈昊说：“把自己的文艺特长运用到公益活动中是我最欣慰的事情。”2013年3月，由陈昊发起的“学雷锋志愿服务队”正式成立，成员包括武警战士、社区文艺志愿者、学校文艺骨干。服务队的节目都是队员原创的，讲述的都是身边的好人好事。现在已经拥有固定语言类节目十余个，涵盖了相声、大鼓、单弦、诗歌、情景剧等。主要节目有音乐情景剧《缉毒警察》《生命接力四小时》，相声《“文明”的爱好》，故事《兵妈妈》，快板书《智擒歹徒》和京东大鼓《戒毒》《雷锋精神永继承》等。陈昊带领着服务队到附近的军营、敬老院、学校和石化工业产业园区进行义务演出。他还提出了节俭办演出的新理念，演出的每个节目时长基本控制在3到5分钟，音响是拉杆式便携音箱，服装道具以租借为主，在不花或少花钱的同时，还要保证演出质量。现在他的服务队也逐渐在实践中成长壮大，到现在已经达到二三十人。

2013年6月26日国际禁毒日，天津市政法委授予陈昊团队“天津市优秀禁毒团队”荣誉称号。

好人365 编辑感言

他曾是一名军人，也是一个艺人，还是一个好人。无论穿不穿军装，他的身体里永远流着一种叫作“责任”的血液。当他遇到老人摔倒、见到有人受伤，总会奋不顾身地冲在最前面，扶起老人、救助伤者，他认为这些都是顺理成章、不足挂齿的“小事”。他爱好相声和表演，始终勤奋向上、有着坚韧不拔的精神。十年苦功“铁杵磨成针”，他登上舞台一举成名，不骄不躁充实自己，在磨砺中追求精进。他有一颗善良无私的心，为了让更多的人远离毒品，自愿投身公益活动、宣传禁毒，运用日常生活的点点滴滴，向社会传递正能量，用艺术和实际付出诠释了什么样的人叫中国好人。（陶　恒）

好人365 网友点赞

浙江网友：萍水相逢，演绎人间大爱。

李捷：退伍不褪色，男儿好本色！

四川网友：和平年代更需要这样的老兵！

后记

HOUJI

2014年9月5日，中国文明网结合开展多年的“我推荐我评议身边好人”活动，推出了《好人365》专栏，每天讲述一个中国好人的精彩故事，大力倡导新时代好人精神，弘扬真善美，传递向上向善的正能量。一年多来，专栏聚焦群众身边的凡人善举、平民英雄，上演了500多集的“好人连续剧”，每天源源不断地给网民提供精神大餐。这些好老师、好医生、好护士、好党员、好干部、好司机、好警察、好军人、好工人、好妈妈、好儿女、好邻居，都是我们身边的普通人，生活中也是一样的有爱有恨、有喜有怨，但他们身上所体现的善良人性、大爱情怀和高尚精神，无不令人感动、令人敬佩。他们与时代楷模、道德模范、最美人物一起，构成了当今中国最亮丽的风景，让人们看到了社会道德风尚的主流，引导和激励越来越多的人把榜样力量转化为行动实践，自觉地学习好人、宣传好人、争做好人，产生了广泛的社会影响和积极的教育效果。

为进一步推动社会主义核心价值观宣传教育在广大青少年朋友中深入开展，引导孩子们树立远大的人生志向和正确的价值观念，我们从《好人365》专栏中精选了148个网友点击浏览量较高的故事，汇编了“好人365故事”（青少版）。全套书包括《助人为乐》《见义勇为》《诚实守信》《敬业奉献》《孝老爱亲》五本。每个人物故事均按名人名言、故事引子、好人故事、编辑感言、网友点赞等几部分编写，并配上照片，主要通过讲故事的形式，来展现身边好人的感人事迹和高尚精神。可以说，这148个故事，既是一部中国好人传，也是一部平民英雄谱，更是一部人生励志书。

希望这套故事书对引导青少年学会做人、学会做一个好人是开卷有益的，能够帮助他们从道德模范和身边好人身上学会做人的准则，扣好人生第一粒扣子，学习和传承中华民族传统美德，学习和弘扬社会主义新风尚，热爱生活，懂得感恩，与人为善，明礼诚信，从自己做起，从点滴小事做起，从现在做起，争当学习和践行社会主义核心价值观的小模范。也希望更多人能从这些故事中汲取精神营养、感悟道德魅力、明确人生方向，积极践行好人精神，大力培育和践行社会主义核心价值观，在全社会形成崇德向善、见贤思齐、德行天下的浓厚氛围，更好地构筑中国精神、中国价值、中国力量，不断凝聚起实现中华民族伟大复兴中国梦的强大力量。

在本套书的编辑过程中，得到了各级领导的高度重视和大力支持。中宣部常务副部长、中央文明办主任黄坤明同志担任编委会主任，并亲自审定编写方案。中央文明办专职副主任夏伟东同志担任编委会副主任。各省（区、市）和新疆生产建设兵团文明办主任担任编委会成员，各地文明网积极参与、提供了大量资料素材。中国文明网承担了本套书的牵头组织协调工作。河北省文明办对本套书的编辑出版给予了大力支持。卢勤、孙宏艳、彭怀祖、鞠萍、薛贤荣等专家学者、社会知名人士为本套书精心撰写了导读文章，第五届全国道德模范张宝、金汉、官东、刘萌刚、宁宏昌亲切寄语广大青少年。在此一并表示衷心感谢！

编　者

2015年12月